MARVEL CINEMATIC UNIVERSE
ULTIMATE STUDIES

How did The Avengers conquer the world?

マーベル映画究極批評

アベンジャーズはいかにして世界を征服したのか？

てらさわホーク［著］
Hawk Terasawa

PROLOGUE

一度は経営破綻したマーベル・コミックス

『アイアンマン』の公開とともにマーベル・スタジオズが立ち上がった２００８年5月から、すでに11年が過ぎようとしている。

マーベル・コミックス原作の作品を自社で映画化。主人公の異なる映画を同一の世界観のなかに複数積み上げて、キャラクターの共演を可能にする。個々のスーパーヒーローを主役に据えた映画をシリーズ化しつつ、要所で複数のキャラクターを総動員した超大作を送り出す。すでにコミックの世界には無限に広がっていた世界＝マーベル・ユニバースを、映画の世界に構築する試み……。

それがマーベル・スタジオズの挑戦だった。

インディペンデントの映画会社として、自社資金で製作した映画『アイアンマン』が、興行・批評の両面で大成功を収めてから、マーベル・スタジオズは、19年3月までの間に21本のスーパーヒーロー超大作を送り出している。程度の差こそあれ、すべての作品がヒットを記録、なかでもスーパーヒーローたちが顔を揃える『アベンジャーズ』シリーズが、いずれも歴史に残る成功を収めていることは、あえて書くまでもないだろう。

かつて誰も実現しえなかったチャレンジに、スタジオは大方の予想を裏切って勝利を収めた。このＭＣ

U（マーベル・シネマティック・ユニバース）は、ひとつの世界観のもとに多数の作品を展開するというコンセプトにおいて、ハリウッドでほぼ唯一の成功例となっている。

そうしたビジネス上のサクセス・ストーリーは、さまざまな場所で語られて、今や誰もが知るところとなっている。しかし、スタジオが送り出した個々の作品すべてについて、活字でまとめて総括したものには触れたことがない、とふと気づく。そこで本書では、マーベル・スタジオズが10年強の間に送り出した21本のスーパーヒーロー・コミック原作映画を、ひとつひとつ振り返ってみたい。コミック出版社から派生した映画会社が何を成し遂げたのか、そのヒーローたちは何と戦ってきたのかが、そうすることで見えてくるかもしれない。

では08年の『アイアンマン』から……と本題に入る前に、まずは自前の映画会社を設立する以前のマーベル・コミックスの状況から振り返っておこう。

1939年に設立されたタイムリー・コミックスは、その後アトラス・コミックスと名称を変えたあと、61年2月からマーベル・コミックスを名乗ることになる。ファンスタスティック・フォー、スパイダーマンにハルク。編集者にしてライターのスタン・リー、アーティストのジャック・カービーやスティーヴ・ディッコらが次々に生み出すスーパーヒーロー・コミックは、本来の想定読者である子どもたちだけでなく、学生を含む幅広い層から人気を集めることとなる。スーパーマンやバットマンを抱えるDCコミックスと並び、やがて押しも押されもせぬ全米コミック界の覇者となったマーベルは、その後も無数のキャラクターを生み出し続け、マーベル・ユニバースと呼ばれる巨大な作品世界を拡大していった。

そして90年代初頭、マーベルは得意の絶頂にあった。折からのコミック収集ブームもあって、その売り上げは急増。内容はまるで同じだが、表紙だけが異なるというバリエーション商法、または表紙に金銀の箔押しやホログラム、左右から見ると絵柄が変わるレンティキュラーなどなどをあしらった表紙商法、といったギミックで、好調なセールスを維持していた。

やがて投資家に牛耳られるようになった会社は、コミック本体よりもその周辺事業を重視するようになり、玩具《がんぐ》会社のトイビズ、トレーディング・カード会社のフリアーとスカイボックスなどを買収。短期的な売り上げをますます増やしていった。

しかし、あらゆるバブルは弾けるようにできていた。コミック収集ブームがあっという間に収束すると、大量の在庫で埋め尽くされるようになったコミック・ショップが相次いで倒産し、その数を実に3分の1にまで減らした。この不況はもちろんマーベルを直撃し、売り上げの下落を他分野で補填《ほてん》しようとしても、玩具会社やトレーディング・カード会社を身内に抱えてしまった同社は、もはやライセンス収入も得られなくなっていた。

93年には35ドルの高値を記録したマーベルの株価は、わずか3年で2・3ドルに下がり、会社は借金まみれになった。3割の社員を解雇し、売れる資産はほとんど売り払った。それでも身動きの取れなくなった会社は、とうとう合衆国裁判所に破産を申し立てた。96年のことだった。

翌97年、破産したマーベルの経営権をめぐって、企業家同士の争いが勃発。これを制したのが、トイビズの共同経営者、アイザック・パールムッターとアヴィ・アラドだった。現在もマーベル・エンターテインメント会長を務めるパールムッターの右腕として、アラドは06年の離脱まで、自社キャラクターのライセンス業務と、映画化事業に辣腕《らつわん》を揮《ふる》った。

90年代末からゼロ年代初頭にかけて、アヴィ・アラドがマーベル原作作品の映画化に果たした役割は大きい。そもそもマーベル・コミックスにとって、映画は鬼門中の鬼門だった。自社原作のコメディ『ハワード・ザ・ダック』をジョージ・ルーカスが製作して酷評にさらされ、また興行的にも歴史的な大惨敗を喫した86年。それ以来、マーベル・ヒーローを扱った映画といえば『パニッシャー』(89年)、または翌年の『キャプテン・アメリカ/卍帝国の陰謀』くらいのものだった。

これら2本の作品は全米の劇場で上映されることさえなく、レンタルビデオチェーンの棚へ直行することになる。94年の『ファンタスティック・フォー』にいたっては、ビデオソフト化すらされず、幻の作品として歴史の闇に消えた。競合相手のDCコミックスにおける映画版『スーパーマン』(78年)と『バットマン』(89年)のような成功は、当時のマーベルにとって夢のまた夢でしかなかった。

しかし、アラドの率いる映画部門がメジャー各社と契約をまとめるようになると、マーベル原作の実写作品はコンスタントに劇場のスクリーンを飾るようになった。『ハワード・ザ・ダック』以来の劇場映画となった『ブレイド』(98年)は、全世界で1・3億ドル、続く『X-MEN』(00年)は、3億ドルを稼ぎ出す大ヒットを収めた。さらにサム・ライミ監督の『スパイダーマン』(02年)は、批評家からも軒並み高評価を受け、興行面でも全世界興収8億ドルという成績を叩き出した。

破産申請から日も浅く、いまだ先行き不透明だった同社にとって、これら作品のヒットはひとつの福音に映ったはずだ。しかし、実際にマーベルがこれらの作品で上げた利益は、微々たるものだった。『ブレイド』で同社が受け取った金額は、わずか2・5万ドルといわれている。経営難の時代に映画化権を叩き売ったことが響いていた。『X‐MEN』にいたっては、権利を買い切りという形で20世紀フォックスに渡していたため、たとえ製作に名を連ねていてもマーベルに金は入らなかった。

利益配分の問題もさることながら、映画の質という問題も現れはじめていた。『X‐MEN』に続いて、20世紀フォックスが配給した『デアデビル』(03年)も、『ファンタスティック・フォー』正・続篇(05年、07年)も、興行的にはそこそこの成功を収めたが、批評的には決して思わしいものではなかった。再映画化された『パニッシャー』(04年)、または『デアデビル』のスピンオフ作品として封切られた『エレクトラ』(05年)にいたっては、批評も興行も惨憺《さんたん》たる結果を迎えてしまった。

前代未聞の事業計画

こうしてマーベル内部には少しずつフラストレーションが蓄積していった。第三者と組んで作品を作る以上、利益についても映画の質についても、十分なコントロールは望むべくもない。アヴィ・アラドのなかで、自社が主導権を握れる体制作りへの願望が大きくなっていく。その部下にはケヴィン・ファイギもいた。駆け出しのプロデューサーとして『X‐MEN』などに関わっていたファイギは、当時を振り返ってこう語っている。

『X‐MEN2』（03年）や『スパイダーマン2』（04年）のころは、何もかも最高だった。ところが数年も経つと——『ファンタスティック・フォー』や『エレクトラ』のころの話だが——次から次へと映画が作られるようになって、いずれ僕らの手には負えない状況になっていった」

03年、当時マーベル・エンターテインメントで最高執行責任者を務めていたデヴィッド・メイゼルは、前代未聞の計画を会社に提案した。

投資銀行メリルリンチから融資を受ける。その額5・2億ドル。この資金を使い、マーベルに映画製作部門を設立。

7年間にわたって10本の映画を製作する。

計画が実現すれば、もう映画会社に作品の権利を切り売りする必要はない。映画化する作品の選定はもちろん、その内容も、公開の時期も、自社で決めることができ、もちろん収益も総取りできる。事業計画書には、製作予定の作品として次のタイトルが並んだ。

○アントマン
○ブラックパンサー
○キャプテン・アメリカ
○クローク&ダガー
○ドクター・ストレンジ

○ホークアイ
○ニック・フューリー
○パワー・パック
○シャン・チ
――そしてアベンジャーズ

当然何の見返りもなしに5億ドルの融資を受けられるはずもなかったが、マーベルが担保としたのはこれらヒーローたちそのものだった。つまり調達した資金を使って製作した映画が売れず、事業計画が失敗すれば、彼らはマーベルの手を離れて銀行の持ち物となる。

社内には当然、メイゼルの事業計画に反対する者もあった。会社は破産からようやく持ち直し、十分ではないにせよ再び利益を上げられるようになっていた。そこであえてリスクを取る必要が本当にあるのだろうか?

しかし、最初の提案から2年を経て、ついに会長のパールムッターが計画を承認した。

05年4月には、投資銀行メリルリンチとの契約が締結。ハリウッドでも有数の独立系映画製作会社として、マーベル・スタジオズはその第一歩を踏み出すことになる。

CONTENTS

MARVEL CINEMATIC UNIVERSE
ULTIMATE STUDIES

PHASE 2

MARVEL CINEMATIC UNIVERSE
ULTIMATE STUDIES

PHASE 3

MARVEL CINEMATIC UNIVERSE
ULTIMATE STUDIES

※本書中の図版は、批評・研究を目的とする正当な範囲内で引用した。

PHASE 1

2008-2012

アイアンマン
IRON MAN

インクレディブル・ハルク
THE INCREDIBLE HULK

アイアンマン2
IRON MAN 2

マイティ・ソー
THOR

キャプテン・アメリカ / ザ・ファースト・アベンジャー
CAPTAIN AMERICA: THE FIRST AVENGER

アベンジャーズ
MARVEL'S THE AVENGERS

アイアンマン

なぜMCUはドラッグ漬けのヒーローから始まったのか？

マーベル・スタジオズ、最初にして最大の賭け

ついに動き出すことになったマーベル・スタジオズ。その第1弾映画は『アイアンマン』に決まった。すでに契約していた、ジョン・ファヴロー、ルイ・レテリエ[★1]、エドガー・ライト[★2]の3人のなかから、ファヴローが監督を務めることとなった。しかし、スタジオはいきなり問題にぶつかることになる。投資銀行メリルリンチから用立てた5億2500万ドルの資金、その製作予定リストに『アイアンマン』は入っていなかったのだ。

同作の映画化企画は90年代初頭から動き出していた。まずはユニバーサルに権利が買われ、『ZOMBIO／死霊のしたたり』[★3]（85年）や『ロボ・ジョックス』[★4]（90年）のスチュアート・ゴードン監督によって製作が試みられる。その後権利は20世紀フォックスに移り、ニコラス・ケイジやトム・クルーズが、このヒーロー役に強い興味を示し、1999年にはクエンティン・タランティーノ[★5]に監督のオファーがされるなどの動きがあったものの、企画が具体的な形を取ることはなかった。翌年になって映画化権はニューライン・シネマに転売され、ここでは

【作品情報】

2008年／監督:ジョン・ファヴロー／出演:ロバート・ダウニー・Jr.、テレンス・ハワード、ジェフ・ブリッジス、グウィネス・パルトロー、ショーン・トーブ、ファラン・タヒール、レスリー・ビブ、クラーク・グレッグ

★1　ルイ・レテリエ
『インクレディブル・ハルク』の監督。次項参照。

★2　エドガー・ライト
『アントマン』の脚本、原案。もともと監督も兼任していたが、製作中に降板した。「アントマン」の項参照。

★3　『ZOMBIO／死霊のしたたり』
1985年・米／監督：スチュアート・ゴードン／脚本：スチュアート・ゴードン、デニス・パオリ、ウィリアム・J・ノリス／出演：ジェフリー・コムズ、ブルース・アボット。「クトゥルフ

ケヴィン・ファイギ。プロデューサーとしてMCUを最も代表する人物。

新たに脚本が書かれもするが、準備期間が長引いた末の2005年、権利は失効してマーベルに戻ることになる。

　こうして当初予定になかった『アイアンマン』が、マーベル・スタジオズ第1回作品の候補となった。だが、借りた5億ドル強の金には手をつけられない。そのため、スタジオは別途1・4億ドルの製作費を用立てなければならなくなった。

　プロデューサーのアヴィ・アラドとケヴィン・ファイギ★6は、海外に向けて精力的なセールスを行い、何とか資金調達に成功した。すべては急転直下で決まったことだったが、その裏に深謀遠慮があったかといえば、実はそういうわけでもない。

　何のことはない、インタビュー調査に集められた子どもたちが、キャプテン・アメリカ

神話」の創造者として有名なH・P・ラヴクラフト原作のホラー小説『死体蘇生者ハーバート・ウェスト』の映画化作品。

★4　『ロボ・ジョックス』
1990年・米／監督：スチュアート・ゴードン／脚本：ジョー・ホールドマン／出演：ゲイリー・グレアム、アン＝マリー・ジョンソン。実写特撮ロボット映画。『パシフィック・リム』の始祖的な作品。

★5　クエンティン・タランティーノ
『キル・ビル』『レザボア・ドッグス』などで知られる映画監督。アフリカ系アメリカ人の歴史をテーマに描く作風から、過去にマーベル・コミックスの『ルーク・ケイジ』の映画化を試みたことがあった。

★6　ケヴィン・ファイギ
マーベル・スタジオズの社長であり、MCUのプロデューサー。映

やハルク、雷神ソーよりも、アイアンマンのアクション・フィギュアに強い興味を示したというだけのことだった。マーベルCEOのアイザック・パールムッター★7も、アヴィ・アラドも、もともとは玩具屋《おもちゃや》だ。この時点では作品の中身よりも、映画化によって発生するマーチャンダイジング収入を1ドルでも多くかき集めることのほうが重要だった。

アイアンマンの世間一般への浸透度は決して高いとはいえず、当時のメディアはマーベルが自社の二軍キャラクターを使って映画を作るらしい、と書き立てた。長年のファンにとっては、マーベル・コミックスを代表するスーパーヒーローのひとりであるアイアンマンでさえ、世間一般の認識はその程度のものだった。

大手会社の後ろ盾もない、完全インディペンデントの映画作り。しかも何とか用立てた予算を投じてだ。これが失敗すればマーベル・スタジオズにはその旗揚げから大きな傷がつくことになる。初手から、スタジオは大きな賭けに出ることになった。

ダウニー・Jr.＝トニー・スターク

発明家にして実業家、そして億万長者のトニー・スタークは、戦時下のベトナムで新兵器のテストを行っていた。その渦中で敵の仕掛けた罠にかかり、爆弾の破片を胸に大量に受ける重傷を負う。そのまま共産ゲリラの捕虜となったスタークはあり合あわせの材料で鋼鉄製のスーツを自作、爆弾の破片が心臓に迫るのを避けつつ、敵地からの脱出に成功する。

画プロデューサーのローレン・シュラー・ドナー（『スーパーマン』監督のリチャード・ドナーの妻）のもとで、『ユー・ガット・メール』などの作品でアシスタントを務めたあと、2000年にマーベル・スタジオズに入社。同年のブライアン・シンガー監督作『X-MEN』以降、数多くの作品に携わる。

★7 アイザック・パールムッター
イスラエル生まれのユダヤ人。250ドルだけを握りしめ、ニューヨークに渡米。街で玩具や美容製品の販売を行い、財をなす。1990年にマーベル・キャラクターの玩具を制作するトイビズ社を買収。93年にトイビズ社の持株の46%をマーベル社に譲渡することによって、マーベル・キャラクターの権利を、トイビズ社のみが永久的にロイヤリティフリーで使用できるとする契約を結び、マーベルとの関係を密にする。1996年にマーベル社がこれが原作で描かれたアイアンマンのオリジンだが、映画は60年代ベトナムという設定を現代のアフガニスタンに置き換えただけで、まったく同じ話を成立させている。時代と舞台以外にはほぼアレンジが加えられていないのだ。

キャプテン・アメリカと同じように、アイアンマンも戦争から生まれたキャラクターだ。キャップの出自が第二次世界大戦に固定されていることに比べて、アイアンマンのそれは時代に応じて後ろ倒しにアップデートされてきた、という違いはある。ベトナム戦争から湾岸戦争、そして（映画も、現在のコミックも）中東での対テロ戦争に舞台を移している。

背景を変えるだけで誕生物語のアップデートが完了してしまう。アイアンマンは常に戦争から生まれる。題材として戦争には事欠かないというアメリカに改めて慄然《りつぜん》とする。

そんな物語の主人公、アイアンマン＝トニー・スターク役には、前述の通りかつてトム・クルーズやニコラス・ケイジが強い興味を示したが、映画化企画がさまざまな会社を渡り歩き、結局はお蔵入りになるたびに彼らの名前もフェイドアウトしていった。ついにマーベル・スタジオズが立ち上がり、満を持して『アイアンマン』の製作が走り出したとき、監督ジョン・ファヴローが強力に推した名前があった。

ロバート・ダウニー・Jr.。当時40代に入ったばかりの俳優だった。5歳で俳優デビュー、『ピックアップ・アーチスト』★8や『レス・ザン・ゼロ』★9（ともに87年）といった青春ドラマ作品で注目を集めた。92年にはチャーリー・チャップリンの伝記映画『チャーリー』でアカデミー

倒産した際に、マーベルを掌握。2001年にはマーベル社の副会長に、2005年には会長に就任。

★8『ピックアップ・アーチスト』
1987年・米／監督・脚本：ジェームズ・トバック／出演：ロバート・ダウニー・Jr.、モリー・リングウォルド。ダウニー・Jr.がナンパ師を演じるラブコメ映画。口説いたその日に車のなかで、一発ヤってしまうあたりにトニー・スタークの片鱗がうかがえる。

★9『レス・ザン・ゼロ』
1987年・米／監督：マレク・カニエフスカ／脚本：ハーリー・ペイトン／出演：ロバート・ダウニー・Jr.、アンドリュー・マッカーシー。『アメリカン・サイコ』『ルールズ・オブ・アトラクション』（ともに映画化されている）などで知られる、ブレット・イーストン・エリスの小説が原作。LAの若者の退廃的な生活

主演男優賞にノミネートされ、確かな演技派として地位を固める。

だが、やがてドラッグで身を持ち崩し、96年にはコカインとヘロイン、および銃器の不法所持で最初の逮捕。その後も、たびたび薬物所持と使用で逮捕され、薬物依存の更生センターと刑務所に出入りする日々が続いた。あるとき法廷で、自分の人生について、「常に猟銃を口にくわえて引鉄《ひきがね》に指をかけているようなもので、またその銃の味が好きなのかもしれません」と述懐している。

8歳のときにはすでに、映画監督の父親からマリファナを与えられていたというダウニー・Jr.の半生は破滅的なもので、ゼロ年代に入るころにはいくつもの仕事を失っていたが、03年に完全に薬物を断ち、ようやくキャリアを立て直したという経緯があった。

復帰以降は性格俳優として大小の映画に出演していたものの、いわゆるブロックバスター俳優ではなかった（ジョニー・デップやキアヌ・リーヴスら同期の俳優たちに比べて、自身が大ヒット作品には恵まれていないことを、ダウニー・Jr.本人も当時認めている）。

マーベル・スタジオズ第1回作品の主演俳優としては、ダウニー・Jr.という人選はいかにもリスクの高いものだった。反対意見が出るのは、前歴を考えればやむをえないことだったが、ジョン・ファヴローにしてみれば、その紆余曲折《うよきょくせつ》だらけのキャリアと、挫折から這い上がりながら、なお飄々《ひょうひょう》としている人を食った人間像こそが、トニー・スターク役に相応しかった。事実、スクリーン・テストでダウニー・Jr.は役柄との見事な一体化を見せつけて、スタジオ側

をリアルに描く。ドラッグに耽溺してオーバードーズで死亡する役が、演じるダウニー・Jr.の実人生と重なるようにさえ見える。

にリスクを取ることを認めさせた。

この役で俳優が手にしたのは50万ドル。総製作費1・4億ドルという作品の規模、それにその後のシリーズで本人が受け取ることになるギャランティの額（ダウニー・Jr.は『インフィニティ・ウォー』までトニー・スターク役を9回演じ、総額2億4000万ドル、日本円で約270億円を手にしたといわれる）を考えれば、驚くほどに安い出演料だった。

自分自身の無反省な行動でもって、人生を棒に振りかけた。そんな大人という点において、トニー・スタークとロバート・ダウニー・Jr.は同一人物といっていい。劇中、アフガニスタンでの捕虜生活から生還したスタークが、バーガーキングのハンバーガーを食べるくだりがある。これはダウニー・Jr.が03年にとうとうドラッグを断つ決心をした、その際の実体験から生まれたアイディアだ。ある明け方、完全にキマりきったダウニー・Jr.は車のなかでバーガーキングを食べた。これが薬のせいで信じられないほど酷い味がしたために、急に我に返って手持ちのドラッグをすべて海に捨てたという。

セリフすら決まっていなかった撮影現場

ダウニー・Jr.のキャスティング以外にも、スタジオは作品作りにおいてなかなか危ない橋を渡っていた。もともと映画のために2組の脚本家コンビがそれぞれにスクリプトを書き、監督ファヴローがこれらをひとつにまとめた。さらにもうひとりの脚本家によって手が入った決定稿は、マーク・ミラー★10やブライアン・マイケル・ベンディス★11、ジョー・カザーダ★12といった名だたるコミック作家たちによる監修も受けた。

　これだけの準備を経ながら、撮影開始の時点で登場人物らのセリフは決まっていなかった。この時点で固まっていたのは、あくまで物語のアウトライン、それに要所要所で登場するアクションについての概略のみだった。ファヴローや出演者のダウニー・Jr.、ジェフ・ブリッジスらは毎日現場から脚本家に電話を入れ、その日に撮影する場面の芝居を作っていった。俳優たちがトレイラーから出てくるのをスタッフが待ち構えるのが現場のルーティンになった。ブリッジスはこうした場当たり的な撮影に辟易《へきえき》するが、これは製作費1億4000万ドルの学生映画なのだと自分に言い聞かせて何とかやり過ごした。

　かくして完成した『アイアンマン』を今になってもう一度観てみると、これがどこか変わった映画であることに気づく。人を人とも思わない、いかにも感じの悪い武器商人トニー・スタークの生活が一転、アフガニスタンでテロリスト組織テン・リングスの捕虜となる第1幕。軟禁された洞窟で、ありあわせの道具と材料を使ってアイアンマン・マークIアーマーを自作、脱出に成功するまでを描くこのくだりで、すでにダウニー・Jr.の（明らかに嫌な人間を演じているにもかかわらず、持って生まれたカリスマ性のおかげで、図らずも魅力的な人物に見えてしまうという）稀有《けう》なタレントが全開となっている。

　億万長者の家に生まれ、無反省に大量破壊兵器を作っては売りさばいて、さらに巨万の富を

★10　マーク・ミラー
コミック原作者。マーベルでは『シビル・ウォー』や、『LOGAN／ローガン』の原作である『オールドマン・ローガン』などを執筆。また『キック・アス』や『キングスマン』でも知られる。

★11　ブライアン・マイケル・ベンディス
コミック原作者。マーベルで『エイジ・オブ・ウルトロン』など、ヒーローが大人数登場するクロスオーバー作品を数多く手がけている。

★12　ジョー・カザーダ
コミック原作者。2000年から2011年にわたってマーベル・コミックスの編集長を務めた。これはスタン・リーに次ぐ長さの任期である。

築いてきた男。しかし、目の前でアメリカ人の若い兵士が死ぬところを目撃し、自らも重傷を負う。さらにはテロリストの洞窟で出会った科学者、インセン博士が自らの命と引き換えにスタークを生かすにいたって、エゴの塊であった男のなかに、とうとうヒーローとしての意識が芽生えていく。

トニー・スタークがアフガニスタンから生還、自らの会社スターク・インダストリーズの武器製造からの撤退を表明するまでの第1幕は約40分。いかにも無駄のない展開で、無理なく主人公の最初の成長を見せる。

『アイアンマン』が変わった映画ぶりを見せつけ始めるのは、その直後からだ。武器製造からの撤退に反対するスターク社の共同経営者、オバディア・ステイン★13（ジェフ・ブリッジス）との確執が、表面化し始めるというプロットがあるにはあるものの、第2幕はそのほとんどをトニー・スタークのアイアンマン・アーマー開発描写に費やす。

スタークの体内に残った爆弾の破片を磁力で心臓から遠ざけつつ、アーマーに莫大なエネルギーを供給するアーク・リアクター★14。ロケット推進機を備えた脚部、および腕部装甲。テストが繰り返される。映画は時間をかけて、スタークがひとり少しずつアイアンマン・マークⅡを完成させていく様を描く。この第2幕はいかにも長く、作品としてのバランスを崩すものにさえ見える。

だが、目の前の問題に対して、常に何かを作ることで解決策を見出していくのがトニー・ス

★13　オバディア・ステイン
コミックでも映画と同様に腕っぷしは強くなく、MBAを持つチェスの名手であるという知力によって、スタークを追い詰めるヴィラン。

★14　アーク・リアクター
トニーの父、ハワード・スタークが設計・開発した発電装置。電磁石をドーナツ状にした形状と断片的な説明から、未だ実用化されていない未来技術のひとつである核融合炉に似た原理だと推測されている。スタークの胸のリアクターの発電能力は3ギガジュール＝約833kWh。市販の電気自動車で最大の出力のものが75kWh、レースカーでは200kWh程度ということを踏まえると、その高性能さがわかるだろう。

タークというキャラクターであり、そのことを描き切るには、この長さこそが必要だったといえる。それに何より、ついに完成したマークⅡアーマーで、スタークが自由に空を駆ける場面の多幸感はどうだろう。「これで飛べる」という主人公のヘルメット越しのセリフには、コミックのヒーローしか表現しえない嬉しさが詰まっている。

この第2幕に比べれば、今回の悪役オバディア・ステインとの決着がつく第3幕は、盛り上がりに欠け、どこか消化試合のような気分さえ漂う。ステインが駆ってアイアンマンと戦うことになるアイアンモンガー・スーツは、スタークのそれよりも巨大で、そして凶悪な強さを誇る。

スーパーヒーローの主人公が自分自身の暗い鏡像とでも呼ぶべき存在と戦うクライマックスは、以後のマーベル・スタジオズ製映画でもたびたび繰り返されることになるもので、そのいかにも盛り上がらない定型がすでにここで完成してしまっていたといえる。

アドリブで出た「私がアイアンマンだ」

しかし、その凡庸なクライマックスの戦いを補って余りあるエンディングが映画には用意されている。オバディア・ステインを打倒したあと、ロスの市街地で起きた大破壊の説明を求められるトニー・スターク。アイアンマン・アーマーは自らのボディガードが着ていたもので、自身は一連の事件とは無関係とのプレス発表をするよう、米軍やS.H.I.E.L.D.（マーベル世界のスーパー国防組織も、そういえばすでに本作で登場していた）から要請される。しかしスタークは与えられた説明の書かれたカードに一瞬目をやり、その後観客であるこちらに目を向けて言う。

「私がアイアンマンだ」

本作最後のこのセリフは、ダウニー・Jr.のアドリブから出たものだ。原作のアイアンマンが初登場から40年近く隠した秘密を、映画版はその登場篇で無効化してしまった。スーパーマンやバットマンしかり、あるいはマーベル・コミックスでいえばスパイダーマンしかり、大方のスーパーヒーローはその正体を隠して悪と戦ってきた。ふたつのアイデンティティの間に生まれる葛藤やドラマは、コミック・ヒーロー作品の約束事として続けられてきたひとつの伝統だったといえる。

しかしダウニー・Jr.は現場での即興で、この暗黙の了解を軽く破壊してしまった。コミックに忠実であろうとすれば当然許されるはずのないセリフだったが、プロデューサーのケヴィン・ファイギはこれを本篇に採用することを決めた。その瞬間に、多くが自らの正体を公に隠さない「マーベル・シネマティック・ユニバース」のスーパーヒーローたち、という路線が早くも定まった。

ジャンルの約束事として守られてきた伝統を捨て、その代わりに生まれる新しいドラマを模索する。作劇上、それに見た目の上ではコミックの忠実な実写化を標榜《ひょうぼう》しつつ、映画化作品の世界では明らかに新しいチャレンジが行われようとしていた。

誰も知らないヒーローで大ヒット

無責任な金持ちであるトニー・スタークが、その財力と天才性を世のため人のために使うことを決意する。煎じ詰めれば『アイアンマン』とはそういう話だが、その第1作においてスタークがしたことといえば、かつて自分自身が作った武器を持つテロリストを強襲し、またその技術を悪用せんとする同僚オバディア・ステインを倒したことのみだ。早い話が自分の行動に落とし前をつけただけのことで、世間に対して何かの役に立ったかといえば決してそんなことはないのである。物語はまだ始まったばかりだ。

ともあれ『アイアンマン』は08年5月2日に全米で公開され、約3・2億ドルの興行収入を稼ぎ出した。全世界での収入は最終的に約5・8億ドルに上った。同年の全米興収は『ダークナイト』[★15]に次いで2位、世界興収では8位に終わったものの、1・4億ドルの製作費を考えれば十分以上の成績といえた。

かつてはBランクと呼ばれた、世間一般では誰も知らないスーパーヒーローの映画が突然大ヒットを飛ばした。マーベル・スタジオズは最初の賭けに見事に勝ってみせたが、これはすべての始まりに過ぎなかった。

★15 『ダークナイト』
2008年・米／監督：クリストファー・ノーラン／脚本：クリストファー・ノーラン、ジョナサン・ノーラン／出演：クリスチャン・ベール、ヒース・レジャー。ダークナイト・トリロジーの第2部。公開当時は歴代4位の世界興行成績を記録。またアカデミー賞でも、アメコミ映画では初の演技部門で受賞した。興行的にも批評的にもアメコミ映画の金字塔的な作品。

インクレディブル・ハルク

漫画でなぜ悪い！ コミック映画にのみ存在する美

わずか5年で新たに蘇った、超人ハルク

『アイアンマン』のわずか6週間後に公開された『インクレディブル・ハルク』。1962年にスタン・リー★1とジャック・カービー★2が生み出した緑の巨人の物語は、2003年にアン・リー★3監督の手ですでに『ハルク』として映画化されている。マーベル・スタジオズ第2回作品として作られる新作が、同作の続篇なのか、完全リブートなのかについては、誰もが明言を避けた。プロデューサーのひとりだったゲイル・アン・ハード★4は、「リブートとシークェル（続篇）の中間。つまりリークェル」と、よくわからない説明をしている。

科学者ブルース・バナー（エドワード・ノートン）は、ある実験中に誤って多量のガンマ線を浴び、人としての理性をなくした超人ハルクと化してしまう。同僚で恋人の科学者ベティ・ロス博士（リヴ・タイラー）、その父親で実験の責任者のサンダーボルト・ロス将軍（ウィリアム・ハート）に重傷を負わせて逃亡するハルク＝バナー。再度変身して周囲に危害を与えることを避けるために、バナー博士は潜伏生活を続けることになる……。

【作品情報】

2008年／監督:ルイ・レテリエ／出演:エドワード・ノートン、リヴ・タイラー、ティム・ロス、ウィリアム・ハート、ティム・ブレイク・ネルソン、タイ・バーレル

★1　スタン・リー
アベンジャーズの多くや、X-MEN、ファンタスティック・フォーなど、さまざまなヒーロー、そしてヴィランを作り出したコミック原作者であり、マーベル・コミックス編集者。ファンの間では、MCUなどにカメオ出演しているおじさんとしても有名。2018年11月12日に、肺炎により95歳で亡くなる。

★2　ジャック・カービー
コミックファンからは敬意を込めて"The King"と称される、コミックアーティスト。ゴールデン・エイジと呼ばれる1930年代からキャリアをスタートさせ、

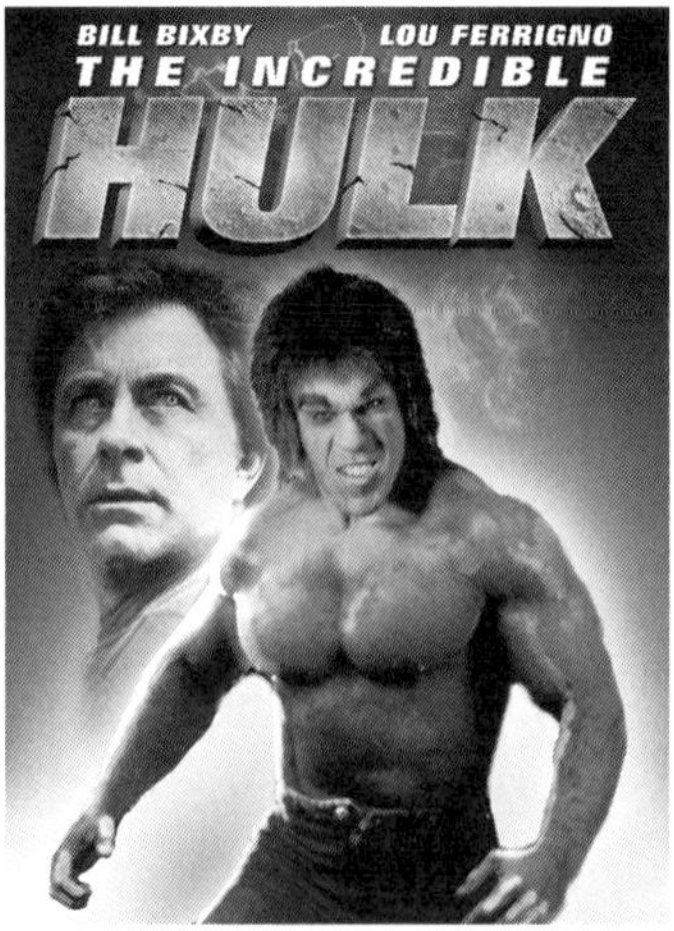

ドラマ『超人ハルク』アメリカ版DVDジャケット。緑の超人がルー・フェリグノ。

マーベル・スタジオズがほぼ同時期に手がけた『アイアンマン』の主人公とは違い、ハルクはすでに十分な知名度を持つキャラクターであるといえた。ビル・ビクスビーがバナー博士（ブルースというファースト・ネームは、「男らしくない」という理由でデヴィッドと改められたが）を、ボディビルダーのルー・フェリグノ★5が変身後の巨人を演じたテレビシリーズ『超人ハルク』が、78年から5年間にわたって放映されて人気を博していたことも大きかった。

いずれにしても誰もが知っているハルク誕生秘話をわざわざ語り直すまでもなかろうと、そのオリジンをタイトルバックの2分で語り尽くしてしまう。『インクレディブル・ハルク』の、その思い切りのよさには今でも度肝を抜かれる。

1941年にキャプテン・アメリカを生み出す。スタン・リーとの出会いは1958年以降、二度目のコミック黄金期、シルバー・エイジの時代になってからである。1994年に76歳で死去。

★3　アン・リー
台湾出身の映画監督。95年、ジェーン・オースティン原作の『いつか晴れた日に』以降、ハリウッドに活動の場を移し活躍。2005年の『ブロークバック・マウンテン』で、アジア人のみならず、有色人種で初めてアカデミー監督賞を受賞した。

★4　ゲイル・アン・ハード
ロジャー・コーマンのもとで下積みをした後、ジェームズ・キャメロンの『ターミネーター』の製作兼脚本を務め、キャリアをスタートさせた映画プロデューサー。キャメロンとは直後に結婚。その後離婚し、次に結婚したのは『スカーフェイス』『ファントム・オブ・パラダイス』など伝説的な

ハルクVS.超人兵士

原作においては新兵器ガンマ爆弾の研究開発に取り組んでいたブルース・バナーだが、ここでは第二次世界大戦中の超人兵士製造計画を再現するための軍事研究に変更されている。人体に新薬を投与、しかる後に特殊光線を照射して細胞を活性化して、身体能力を爆発的に向上させるという実験。トニー・スタークの父親、ハワードが開発した特殊光線ヴァイタ・レイ★6を含めて、ほとんどの研究結果は失われているため、類似の技術を用いるしかなかったという理屈だ。

打倒ハルクに執念を燃やす職業軍人、エミル・ブロンスキー（ティム・ロス）。原作ではソ連のスパイから転じてハルクによく似た体躯と能力を持つ怪物、アボミネーションに変身するキャラクターだが、転じてここではロシア生まれのイギリス特殊部隊員に設定し直された。映画におけるブロンスキーは、実はキャプテン・アメリカの系譜に連なる超人兵士として描かれる。劇中にはS.H.I.E.L.D.やスターク・インダストリーズ、ニック・フューリーの名前がそこかしこに登場する。

MCU外の話にはなるが、グラント・モリソン原作のコミック・シリーズ『NEW X-MEN』中で、「ウェポン・プラス計画」なる一連の実験の秘密が明かされたときには大いに興

作品を数多く残したブライアン・デ・パルマ。しかし、また離婚。現在は『ジュマンジ』『アルマゲドン』の脚本などを務めた、ジョナサン・ヘンズリーと結婚している。マーベル作品では他に、アン・リー版『ハルク』、『パニッシャー』がある。

★5 ルー・フェリグノ　ボディビルダー兼俳優。ボディビルのプロ大会「ミスター・オリンピア」1975年大会で、アーノルド・シュワルツェネッガーと競い合ったことでも有名。ふたりの熾烈な争いの模様は、ドキュメンタリー映画『パンピング・アイアン』で観ることができる。1位シュワルツェネッガー、3位フェリグノという結果に終わった。

★6 ヴァイタ・レイ　『キャプテン・アメリカ／ザ・ファースト・アベンジャー』にて、ハワード・スタークとともに、エイブラハム・アースキンが開発した超人血清の機能を活発化させる

奮したものだ。
ミュータント・ヒーローのウルヴァリン★7ことローガンは、あるとき改造手術の実験台にされて全身に地上最強の金属、アダマンチウム★8を移植された。この人体実験におけるローガンのコードネームは「ウェポンX」。実に痺れる名前だが、20年ばかり慣れ親しんできたこの「ウェポンX」の「X」が、実はローマ数字の「10」を意味していたことが不意に明らかになる。

つまりこれは第二次世界大戦の勃発あたりから脈々と続けられてきた超人製造計画の第10段階で、0から10までの数字は実験の各フェイズを表していたのだと。これだけでもなかなかの衝撃だったが、ウェポンI、すなわち第1段階の被験体がスティーブ・ロジャースことキャプテン・アメリカであったというからさらに驚愕させられる。

歴史のなかで人知れず行われてきた、人倫にもとる実験。MCUにあってはロス将軍やブルース・バナーがまさにその研究を受け継いでいたことになる。誰もが知るような輝かしいものではない、あくまで秘密裏に紡がれてきたいかがわしい歴史。それがフィクションの世界のなかに1本の太い背骨を通している。

またこの秘密が暴露されることに、観客はなぜか興奮を覚える。マーベル・コミックスにおける「ウェポン・プラス計画」と同じように、MCUのなかの超人兵士製造計画は、見てはいけないものをつい目撃してしまったようなアンモラルな快楽を与えてくれるからだ。

光線。スティーブ・ロジャースが変身を遂げる照射器は、ヴァイタ・レイのものである。

★7 ウルヴァリン
手の甲から鋭い爪を出すミュータント。ブライアン・シンガーが監督する実写版『X-MEN』シリーズでは、ヒュー・ジャックマン演じるウルヴァリンが主人公として活躍した。

★8 アダマンチウム
MCUのなかで、最強の金属はヴィブラニウムということになっているものの、コミックではヴィブラニウム以上にアダマンチウムのほうが強い設定になっている。アダマンチウムは、希少鉱石であるヴィブラニウムを複製しようとする過程で生まれた。硬度はアダマンチウムが優るものの、振動吸収の特性がヴィブラニウムにはあるため、ウルヴァリンの鉤爪でキャップの盾が破壊できるとは限らない。

映画に話を戻そう。すでに超人兵士としての能力を手にしているにもかかわらず、ブロンスキーはハルクとの二度の対決にいずれも敗れる。最強の兵士としてのプライドを満たすためだけに、男はブルース・バナーのガンマ線を帯びた血液を入手し、これを自らに注入することで、ついに超人ハルクと同じ力を手にすることに成功する。もはや常人の姿を失い、全身の骨格と筋肉とが異常に発達した怪物のような姿になり果てても、ブロンスキーは後悔ひとつ見せない。

同じような姿をした巨人が正面衝突する本作のクライマックスは、ヒーローとその暗い鏡像の激突……という『アイアンマン』の第3幕でも描かれた展開の繰り返しだ。が、早くも同じことをしていると呆れる前に、ふたつの筋肉の塊がニューヨークのハーレム★9を大破壊しながら組んずほぐれつするバカバカしさに、思わず頬が緩んでしまう。

コミックを下に見ない実写化

かつて、アン・リーは『ハルク』を監督するにあたり、「これは現代に蘇るギリシャ悲劇だ！」とブチ上げた。今になって同作を観返してみると、そのあまりにシリアスな構えに思わず驚かされてしまう。

物語は『インクレディブル・ハルク』とほぼ同じだが、主人公ブルース・バナー（エリッ

★9　ハーレム
"Duel on Harlem"と、ファンの間では戦の名前がついている。アポロシアターなど実在の建物が大量に映るが、実際の125丁目ではなく、トロントのメインストリートを封鎖したところにオープンセットを建てて再現したものである。

ク・バナ）もベティ・ロス（ジェニファー・コネリー）も、世界の終わりがいつ来てもおかしくないような沈鬱な表情をしている。バナーと強圧的な父デヴィッド（ニック・ノルティ）の暗いドラマが描かれつつ、結局肝心の超人ハルクが出てくるまでにはたっぷり1時間を要する重厚長大ぶりだ。ハルクが幾度か暴れては逃亡した末に、映画は不定形の怪物に変身したデヴィッドとブルース＝ハルクの抽象的なバトルで幕を閉じる。

　どうにも狐につままれたような感触だけが残る作品というしかない。しかし、何の衒《てら》いもなくコミックを実写化するには、リーは真面目に過ぎたし、ギリシャ悲劇に仮託しなければ緑の巨人が大暴れする物語は撮りきれなかったのかもしれない。あるいは無意識にではあれ、コミックを映画より下に見ていたのではないかとさえ思える。

　そこへ来ると『トランスポーター』★10のルイ・レテリエによる『インクレディブル・ハルク』は、どこを切ってもアメコミの実写化でしかない。いっそテレビドラマ版『超人ハルク』を08年に劇場用長篇映画にリメイクした仕上がり、と言い切ることが最も適切なのかもしれない。

　映画はブルース・バナーが潜伏先のブラジルで（巨大で入り組んだ猥雑《わいざつ》なスラム、ファベーラを舞台に設定したことは大いに褒めておきたい）、ハルクの出現を必死で抑え込みながら生活する様子を見せる。ヒクソン・グレイシー★11に平手打ちされながら呼吸法を学び、ポルトガル語を勉強しながらソーダ工場で働く。最後にハルクに変身してから158日。

　ところがバナーの努力の甲斐もなく、その潜伏先は彼を追うロス将軍の知るところとなる。

★10　『トランスポーター』
2002年・仏／監督：ルイ・レテリエ、コリー・ユン／脚本：リュック・ベッソン、ロバート・マーク・ケイメン／出演：ジェイソン・ステイサム。高額な報酬と引き換えに、どんな品物でも時間厳守で届ける運び屋を描く。シリーズ3作品に加え、テレビシリーズ、リブート作品も製作される人気シリーズとなった。

★11　ヒクソン・グレイシー
グレイシー柔術創始者エリオ・グレイシーの三男。総合格闘技やUFCで活躍した〝400戦無敗の男〟。

ファベーラに送り込まれる特殊部隊。指揮を執るのはイギリス特殊部隊のエリート、エミル・ブロンスキーだ。もちろんこの襲撃は劇中最初の「ハルク・アウト」（バナーが巨人に変身することをそう呼ぶ）に繋がるけれども、何が偉いかといって、映画が始まってからこの最初の変身までに要する時間がわずか20分、ということだ。

緑の巨人が怒りのままに大暴れする……『ハルク』の肝は何をおいてもそこにある。二度目の映画化はそのことを十分以上によく理解しているから、来ることのわかりきった山場を引っ張るということをしない。

傍目《はため》から見れば、いかにも荒唐無稽な物語でしかない。だが、その物語の前後左右に立派な理由づけを行い、いかにも重大な価値のあるものに見せかけようとするのではなく、おなじみのストーリーを何の衒いもなく実写に叩きつけてみせる。

これは明らかにコミックであり、それ以上でもそれ以下でもないが、マーベル・スタジオズ版『インクレディブル・ハルク』はそれを自信を持って堂々とやり切っている。そこに得体の知れない感動を覚える。監督ルイ・レテリエにはこれといった作家性も見受けられないが、ここでは確かな仕事をしている。

完成までの試行錯誤と軋轢

とはいえ、そんな映画も一朝一夕に出来上がったものではなかった。『X-MEN：ファイ

ナル ディシジョン』（06年）の脚本家ザック・ペン[★12]によるスクリプトは、エドワード・ノートンその人の手によって大幅に書き直された。ノートンが主演俳優の契約を結ぶうえで、自らが脚本を改稿することが条件に入っていたのだ。先に紹介したオープニングにしても、ノートンの意向が大きく反映されていた。テレビシリーズやコミック、それに映画ですでに知られた超人ハルクの誕生物語を再度語ることは時間の無駄でしかなかった。

ＷＧＡ（アメリカ脚本家協会）はノートンを本作の脚本家としてクレジットすることを拒否、完成作品にはザック・ペンの名前だけが残っているが、これがほとんど主演俳優によって書かれた映画であることは誰の目にも明らかだった。

おそらくノートンのリライトによって、映画はより原作コミックないしそのテレビドラマ版に近づいたといえる。だが、それでもいわゆる「マーベル・スタジオズ流」とでも呼ぶべき作品のトーンは、この時点ではまだまだ形を見せていない。興奮するとハルクに変身してしまうため、せっかく再会したベティ・ロスとことにおよぼうとして断念するバナー博士、といったギャグもあるにはある（セックス絡みのジョークは、後のＭＣＵ作品には滅多に見られないものので、これはこれで貴重なものだ）。が、基本的に物語はシリアスなトーンで進む。

上映時間を１２０分以内に収めたかったスタジオ。これに対してノートンと監督が希望した尺は１４０分におよんだ。さらに映画には70分もの未使用場面が存在するという。ノートンは作品の編集にも口を出した。スタジオ主導の映画作りとスターの主張する作家性とは決して相《あい》

★12　ザック・ペン
シュワルツェネッガー主演の『ラスト・アクション・ヒーロー』の原案で脚本家デビュー。この際も映画会社の思惑によって、脚本が大きく書き換えられるという辛苦を経験した。ＭＣＵでは『アベンジャーズ』にも原案として参加。

容《い》れるものではなかった。結局ノートンは本作のみで降板（マーベルとは結構な泥仕合を演じた）、マーク・ラファロ★13に取って代わられることになる。

本作を最後に、超人ハルクを主人公に迎えた映画作品は今日にいたるまで作られていない。『ハルク』の映画化作品については、今でもユニバーサル・ピクチャーズが配給権を持っており、マーベル・スタジオズの一存では続篇を製作・公開することはできないからだ。こうした複雑な権利事情もありつつ、また『インクレディブル・ハルク』の興行成績が、たとえば『アイアンマン』ほどには振るわなかったことから（同作の興収は現在までのＭＣＵ作品中、最下位の成績を記録）、緑の巨人を単独主演に迎えた続篇は作りづらいのだろう。

勃興期にあったＭＣＵに超人ハルクを導入して、『インクレディブル・ハルク』はその役割を終えた。だが、ノートンのブルース・バナーは決して悪くない。そのまま続投していたら、今のＭＣＵはどうなっていたか、ときどき考えてしまう。サンダーボルト・ロス将軍だけが後にシリーズに登場するぐらいで、ある種コンティニュイティからは外れた作品だが、なぜか忘れられない映画ではある。

「シネマティック・ユニバース」構築

ハルクを止められず、また自らが作りだしたアボミネーションの暴走によって立つ瀬のなくなったロス将軍。失意のどん底で飲んだくれる彼のもとを、ひとりの男が訪ねてくる。その男

★13 マーク・ラファロ 2012年の『アベンジャーズ』以降のハルクを演じているが、ルイ・レテリエ監督が述懐するに、『インクレディブル・ハルク』の時点でラファロはキャスティングの候補に挙がっていたという。レテリエ自身は第一候補に考えていたものの、十分な知名度がないことと、スケジュールの都合によって、ノートンとなったそうだ。

とはトニー・スターク。何やらスーパーヒーローのチームに新人をリクルートしているところだと言う……。

『アイアンマン』に引き続き、映画本篇が終わったあとで、次回作品への引きを作るための一場面がここでも挿入される。しかし、スタークはこの時点でアベンジャーズ計画の一候補者に過ぎず（さらに次回作『アイアンマン2』でチーム・メンバーの選考試験に落第、かろうじてコンサルタントの地位だけを得ている）、いかにも代表者のような顔をしてロス将軍に接触するのは、辻褄《つじつま》が合わない。

この点については、後に発表された短篇作品『相談役』★14で軌道修正がなされる。ロス将軍のもとにスタークが送り込まれた真相はこうだ。S.H.I.E.L.D.の上部組織、世界安全保障委員会が、アベンジャーズにエミル・ブロンスキーを加えることを要請。S.H.I.E.L.D.のニック・フューリーとしてみれば、人格的に明らかな問題のあるブロンスキーをチームに迎えるわけにはいかず、かといって上層部からの命令を無下に断るわけにはいかない。そこで一計を案じ、間違いなくロス将軍の神経を逆撫でするであろうスタークを交渉人として送り込んだのだ、と。

このように微妙な軌道修正を加えつつ、MCUの基礎固めが少しずつ進められていく。それがいよいよ全開となるのが次回作、『アイアンマン2』だ。

★14 『相談役』 監督／レイスラム／脚本：エリック・ピアソン。「マーベル・ワンショット」シリーズのタイトルのひとつ。『マイティ・ソー』ブルーレイ版に収録されている。

アイアンマン2

ディズニーによる買収、クリエイターとの軋轢

ディズニーによる買収で加速する「マーベル映画工場」

『アイアンマン』の大成功を受けて、マーベル・スタジオズは大攻勢に出た。『アイアンマン2』と『マイティ・ソー』を2010年に、『キャプテン・アメリカ』と『アベンジャーズ』を11年に公開するとして、向こう3年間のロードマップを一気呵成《いっきかせい》に固めてみせた。その後『ソー』と『アベンジャーズ』がそれぞれ1年延期されたとはいえ、この時点ですでにマーベルの巨大な映画工場はフルスピードで動き出していた。

09年にはさらに大きなニュースが世界中を駆けめぐった。8月31日、ウォルト・ディズニー・カンパニー★1がマーベル・エンターテインメントの買収を計画していることを発表したのだ。買収金額は実に40億ドル。出版部門、テレビ部門、それにもちろん映画部門のマーベル・スタジオズも含まれていた。

男女の未就学児童向けコンテンツはいくらでも抱えるディズニーだが、10代の男児向けプロパティはいつになっても空のままだった。コミックに映画、テレビ番組と、それらから派生す

★1　ウォルト・ディズニー・カンパニー
マーベル・スタジオズの他、『スター・ウォーズ』のルーカスフィルム、20世紀フォックス、動画配信のHuluを手中に収め、世界最大の映画会社となった。

【作品情報】
2010年／監督：ジョン・ファヴロー／出演：ロバート・ダウニー・Jr.、グウィネス・パルトロー、ドン・チードル、ミッキー・ローク、スカーレット・ヨハンソン、サム・ロックウェル、クラーク・グレッグ、サミュエル・L・ジャクソン

るマーチャンダイジング。ディズニーとしてみれば、『アイアンマン』で稼げるところを証明してみせたマーベルは宝の山だった。時をほぼ同じくして『スター・ウォーズ』を抱えるルーカスフィルムを買収した裏にも、やはり同じ思惑があった。発表からわずか2か月でディズニーによる買収は成立。独立系映画会社として出発してからわずか1年、マーベル・スタジオズは、超巨大映画産業の一翼を担う存在としての足場を固めてしまった。

巨大ビジネスの裏側で

そうした状況下で、何をおいても『アイアンマン2』の製作が最優先課題として進められた。第1部と2部の間はわずか2年。シリーズの間隔としてはマーベル映画のなかでも最短の部類で、単独主演シリーズとしては今にいたるまで破られていない（『アベンジャーズ』シリーズが、『インフィニティ・ウォー』と『エンドゲーム』で約1年）。

監督はジョン・ファヴローが続投、脚本家には、『トロピック・サンダー／史上最低の作戦』★2（08年）でロバート・ダウニー・Jr.と仕事をともにしたジャスティン・セロー★3が雇われた。『アイアンマン2』の製作費は2億ドル。第1部から6000万ドル増額の一大予算だった。一説によれば、ダウニー・Jr.はこの続篇で1000万ドルのギャランティを受け取っている。本人がキャリアの再建期にあった第1部の出演料はわずか50万ドルのみといわれているから、そのスターとしての値段は、実に20倍にまで膨れ上がったことになる。

★2　『トロピック・サンダー／史上最低の作戦』2008年・米／監督：ベン・スティラー／脚本：ベン・スティラー、ジャスティン・セロー、イータン・コーエン／出演：ベン・スティラー、ジャック・ブラック。ベトナム戦争映画を撮影するために東南アジアのジャングルに入ったロケ隊が、本当の戦場に足を踏み入れてしまうアクション・コメディ。ダウニーJr.は、役作りのために皮膚移植をして黒人になってしまう、とんでもない役者の役で出演。

★3　ジャスティン・セロー　『マルホランド・ドライブ』『インランド・エンパイア』など、デヴィッド・リンチ作品での演技で有名な俳優。『トロピック・サンダー』と同じベン・スティラーが監督した『ズーランダー』にも出演し、『2』では脚本も執筆した。

途方もない金がそこら中で唸《うな》りを上げていたが、そう景気のいい話ばかりでもなかった。製作準備の段階から、俳優の出演料に関するニュースがメディア上を賑わせ始めた。

第1部でトニー・スタークの親友ジェームズ・ローズ役を演じたテレンス・ハワードは、続篇出演にあたって800万ドルを受け取ることになっていたが、スタジオから改めて提示されたギャランティは100万ドルにまで減額されていた。交渉は当然決裂、ハワードは降板して、ローズ役はドン・チードルが務めることになった。

また、サミュエル・L・ジャクソンも同時期に出演料で揉め、さらに今回の悪役、イワン・ヴァンコ役をオファーされたミッキー・ロークも25万ドルというギャラの安さについて公に不満を漏らした。にわかに生臭い情報が聞こえ始めるなか、製作はそれでも急ピッチで進んだ。

パワード・スーツが軍拡競争の火種に

トニー・スタークがアイアンマンを名乗るようになってから半年後。既存のいかなる武器よりも強力なアイアンマン・アーマーを抑止力として世界の平和が保たれていることが、新聞や雑誌の見出しで語られる。

ダウニー・Jr.は、第2部におけるトニー・スタークのキャラクター造形について、05年のスリラー『キスキス、バンバン』★4で組んだ映画監督シェーン・ブラック★5に助言を求めた。ブラックはロバート・オッペンハイマー博士を参考にするよう、ダウニー・Jr.に伝えたという。

★4 『キスキス、バンバン』
2005年・米／監督・脚本：シェーン・ブラック／出演：ロバート・ダウニー・Jr.、ヴァル・キルマー。コソ泥のダウニー・Jr.がひょんなことから探偵に、というハードボイルド・ノワールを下敷きにしたコメディ。この映画でのダウニー・Jr.は、プレイボーイのイメージから打って変わり、好きな女になかなか思いを打ち明けられない奥手な役。

★5 シェーン・ブラック
『アイアンマン3』の監督。『リーサル・ウェポン』シリーズの脚本家として知られる。近年は監督業に進出し、『ナイスガイズ！』『ザ・プレデター』など、80年代のアクション映画を再構築したような独自の作家性を発揮する。「アイアンマン3」の項参照。

オッペンハイマー博士は、ロス・アラモス研究所でマンハッタン計画を主導、原子爆弾を開発したが、やがて罪の意識に囚われて精神を病んでいった物理学者だ。しかし、あまりに強大な力を生み出してしまったというモラルの葛藤が、映画のスタークにあるかどうかは疑問が残るところだ。というより、アイアンマンという存在が世界に対していかなる貢献をし、どう受け入れられているかが語られないために、その心中もこちらとしては知るよしもないのである。

ともあれ大音響のAC／DCに乗って、アイアンマン姿で10年に一度の「スターク・エキスポ」会場に降り立つヒーローの景気のいい姿には、思わず見ているこちらの頬も緩んでしまう。

こうしていかにも調子よくアイアンマン業に邁進《まいしん》しているかと思いきや、トニー・スタークはいきなりトラブルに巻き込まれる。

スタークはアメリカ政府の開いた公聴会に呼ばれ、アイアンマンを形作る技術を米軍に提供することを求められる。有人パワード・スーツは、今や兵器開発の世界的な最優先事項となっており、北朝鮮やイランもそれぞれのアイアンマンを開発しようとしているのだという。武器の製造から手を引き、平和維持のテクノロジーとしてスタークが作ったはずのアイアンマン・アーマーは、今や新たな軍拡競争の火種となってしまっている。

スタークは、自身が開発した「何年も先の技術である」アーク・リアクター技術がある限り、他国も他の軍事産業もアイアンマンを複製できるものではない、と自信を隠さない。が、国防総省としてみれば、スタークという個人に技術を独占させるわけにはどうしてもいかないのである。

そこで機を見るに敏なライバル企業、ハマー・インダストリーズ社長のジャスティン・ハマー★6（サム・ロックウェル）は、新たなパワード・スーツの開発に乗り出し、アメリカ国防総省との契約を独占しようとする。ハマーは、カリスマ性や才能、ビジネスセンスのない劣化版トニー・スタークといった風情の男だ。

この武器商人に加えて、今回の悪役となる男がもうひとり。イワン・ヴァンコ★7（ミッキー・ローク）。かつてトニーの父、ハワードとアーク・リアクター開発に取り組んだ、ソ連の科学者アントン・ヴァンコの息子だ。研究結果をハワードに独占されたうえにアメリカを追われ、失意のうちに死んだ父の復讐。そのためにも、イワンは独自にリアクターを完成させ、トニー・スタークを亡き者にしようと目論む。

途方もない天才で、また莫大な金持ちであるにせよ、あくまで個人が手にしたあまりに強大な力。ひとりの人間がスーパーパワーを手に入れれば何が起きるか、という興味深いテーマに『アイアンマン2』は触れている。

トニー・スタークとアイアンマン・アーマーは不可分のもので、その技術だけを取り出して戦争の武器に応用することはできない、と主人公自らが政府のお歴々を目の前に語る場面は痛

★6　ジャスティン・ハマー
コミックでは軍需産業ではなく、金融によって財をなしたヴィラン。本人は腕っぷしが弱いので、他人に対アイアンマン用の武器を提供してまわる。

★7　イワン・ヴァンコ
電撃ムチを身につけ、本作のヴィラン、ウィップラッシュになることとなるイワン・ヴァンコだが、イワンという人物自体はコミックには登場しない。コミックではマーク・スカーロッティという、スターク社の支店に勤める電気技師が、ウィップラッシュの正体である。2010年に出版された『アイアンマンVSウィップラッシュ』では、映画から逆輸入でアントン・ヴァンコがウィップラッシュとして活躍する。

快だし、これはダウニー・Jr.のアドリブから生まれた、「私がアイアンマンだ」という前作最後の名ゼリフをより掘り下げるものだ。しかし、そうしてせっかく提示されたテーマが、その後劇中で掘り下げられることはない。

せっかくのテーマが掘り下げられない

アーク・リアクターとアイアンマン・アーマー技術の国営化問題、およびそれを狙うジャスティン・ハマーとイワン・ヴァンコ、というプロットを、映画はいったん放り出して、トニー・スタークの健康問題に焦点を移す。アーク・リアクターの中核をなす化学物質パラジウム★8によって、映画が始まるなり中毒症状に陥っていたスターク。自らを生かすために作ったリアクターによって逆に死にかけて、無鉄砲な行動に出るようになる。

スポンサーとして出かけたはずのモナコ・グランプリで、突如ドライバーとしてレースに出場することを決める。または泥酔状態でアイアンマン・アーマーに身を包み、満員のパーティ会場で、両手からリパルサー光線を乱射してみせたりもする。もともと人格的に問題のあったトニー・スタークだが、ここでは自分が死にかけているという事実から目を背けるために、露悪的な振る舞いと失礼な物言いで人を遠ざけ、自分ひとりの世界に逃げ込む。『アイアンマン』の冒頭よりも酷い人間になり果てている。

これはスタークという人間のさらなる成長を描くための処置であろうとは思う。スーパー

★8 パラジウム
現実に存在する白金に輝く金属。原子番号は46。触媒となったパラジウムから、中性子が放出されたことが原因で、スタークの身体を蝕んだ。

ヒーローの身分を手に入れたまさにそのために、ヒーローとなる以前よりも主人公が厳しい状況に置かれることになる……という展開は、たとえばサム・ライミの名作『スパイダーマン2』★9でも描かれてはいる。シリーズものとしては王道といってもいい構成だ。ところが『アイアンマン2』の問題は、そうして設定された逆境が、何の前触れもセットアップもなく急に解決されてしまうことだ。

その捨て鉢な行動から、忠実な秘書ペッパー・ポッツ（グウィネス・パルトロウ）や運転手ハッピー・ホーガン（ジョン・ファヴロー）、それに友人ジェームズ・ローズから愛想を尽かされるスターク。いよいよ孤立してあとがなくなった主人公の前に、S.H.I.E.L.D.長官のニック・フューリー（サミュエル・L・ジャクソン）がふと現れる。

前作の最後の最後でスタークの前に姿を現し、スーパーヒーローを集めてチームを作る「アベンジャーズ計画」の存在を明かしたフューリー。アイアンマン＝スタークがその一員に相応しいかどうか、人知れず査定を続けてきたという。

このフューリーと、彼に付き従うS.H.I.E.L.D.エージェントのブラック・ウィドウ（スカーレット・ヨハンソン）の登場には、来《きた》る『アベンジャーズ』への下準備以上の意味はない……と思いきや、映画が始まって以来スタークが思い悩んできたパラジウム汚染問題は、フューリーが持ってきたS.H.I.E.L.D.の超科学によって、解決してしまう。もちろんこれは一時的なもので、スタークは父ハワードがかつて残したメッセージを解読して、自力でアーク・リアク

★9『スパイダーマン2』
2004年・米／監督：サム・ライミ／脚本：アルヴィン・サージェント／出演：トビー・マグワイア、キルスティン・ダンスト、ジェームズ・フランコ。スパイダーマン＝ピーター・パーカーは、ヒーロー活動と私生活の両立がままならず、人助けのために大学もバイトもおろそかに。しかも、多忙のあまりヒーローとしての能力も衰えていく。そんな矢先、恋人のMJが「結婚するの」と最悪の交際破棄を申し出て、絶望したピーターはスパイダーマンからの引退を決意する。

ターを改良しなければならない。だが、それにしても生きるか死ぬかのカウントダウンはここでいったん止まるために、作品の最初から引っ張ってきたサスペンスもまた無化されてしまう。

かつての偉人ハワード・スタークに絡む疑惑も、ここで同時に雲散霧消する。イワン・ヴァンコの父アントンの研究成果を独占したあげく、このパートナーをアメリカから追放したという説明は実のところ誤りで、結局のところアントンこそがハワード・スタークを裏切ったことが明かされるのだ。このどんでん返しによって、アントンの息子イワンによるハワード家への復讐計画も、ほぼ意味を持たなくなってしまう。いかにもドラマを掘り下げえるような要素をいくつも積み重ねつつ、映画はそのほとんどをそのまま放り出している。映画はヴァンコとハマーの開発した軍事用ドローン軍団とアイアンマンの大バトルを派手に見せて、いつの間にか完結するが、これらを通して映画に何かの結論がもたらされることはない。

MCUにおける単独作の難しさ

首尾一貫した物語を伝えるというよりも、トニー・スタークという主人公に起きる出来事をランダムに繋いだ作品。『アイアンマン2』という映画を観直してみると、改めてそんな印象を受ける。

シリーズ映画作りにおいては、よく『スター・ウォーズ／帝国の逆襲』★10（80年）が引き合い

★10 『スター・ウォーズ／帝国の逆襲』 1980年・米／監督：アーヴィン・カーシュナー／脚本：リイ・ブラケット、ローレンス・カスダン／出演：マーク・ハミル、ハリソン・フォード、キャリー・フィッシャー。シリーズの「エピソード5」。主人公ルークが暗黒卿ダース・ベイダーに腕を切り落とされ敗北、さらに追い討ちをかけるようにベイダーは衝撃的な事実を告げる。受け入れることのできないルークは高所から飛び降りて姿を消す……。そしてエンドロールという、映画的に前例のない結末を迎えたことでも有名。

に出される。デビュー戦でひとまず勝利を手にした主人公が、第2部にいたって大きな危機を迎え、一敗地にまみれる。3部作の中間地点は大方の場合そういうもので、ピンチに満ちた第2部は概して、主人公がより大きく強く成長するためのスプリングボードとして使われる。その意味において、トニー・スタークに新たな難題を複数押し付ける『アイアンマン2』は、正しい続篇であるといえる。

しかし、問題はスタークその人の人生が、『アイアンマン』シリーズのみで完結するものではない、ということだ。このあとに控える『アベンジャーズ』においても、スタークは中心人物として重要な役割を務めることになる。そこで彼を待ち構えるドラマのことを考えれば考えるほど、単独主演のシリーズで人間としての成長を完了してしまうわけにはいかないのだ。さらに、クロスオーバー作品のことも勘定に入れれば、『帝国の逆襲』的な展開が絶えず連続することになる。マーベルの長期的なストーリーテリングにおいては、登場人物が簡単に成長することが許されていないといえる。

決して十分とはいえなかった準備期間。にもかかわらず納期内に作品を完成させ、かつそれをヒットさせなければならないというプレッシャー。自身どうにも納得のできない製作環境のなかで、ジョン・ファヴローは神経をすり減らし、結局これを最後に『アイアンマン』シリーズの監督を降板した。『アイアンマン2』はそれでもヒットを記録したが、絶好調で発進したと見えたMCUには、少しずつ不協和音が聞こえ始めていた。

マイティ・ソー

シェイクスピア劇とは似て非なる無邪気さ

リアルになりようがない「雷神」という設定

雷神ソー。無敵のハンマー、ムジョルニア★1を振り回して雷を操るスーパーヒーロー。もともとは北欧神話に登場する神である。よその国の神話に出てくる神々を、その世界観も含めて丸々コミックの世界に取り込んでしまったスタン・リーとジャック・カービーの1962年の力業に、今さらながら震撼《しんかん》する（しかし、マーベル・コミックスにはギリシャにアフリカ、エジプトや日本などなど、世界中からありとあらゆる神々が登場するので、この程度は驚くにはあたらないのかもしれない）。

トニー・スタークのアーク・リアクターやリパルサー技術、またはブルース・バナー博士を超人ハルクに変身させたガンマ線。これまでマーベル映画に登場したヒーローたちは、何らかのテクノロジーから生まれている。正直なところ、アーク・リアクターがいかなる原理で動いて結局何ができるものなのか、その詳細は未だによくわからない。それでも一応の科学的な説明ができなくはないという点で、アイアンマンもハルクも、まだしも多少は地に足の着いた存

【作品情報】

2011年／監督:ケネス・ブラナー／出演:クリス・ヘムズワース、ナタリー・ポートマン、アンソニー・ホプキンス、トム・ヒドルストン、ジェイミー・アレクサンダー、レネ・ルッソ、ステラン・スカルスガルド、カット・デニングス

★1　ムジョルニア
死にゆく星の心臓から作られた、と、作中で解説されるハンマー。コミックではアスガルドに存在する「ウル」という鉱石を鍛えて作られたとされる。アスガルドの王に相応しい人物にしか持ち上げられないとしながらも、『エイジ・オブ・ウルトロン』でヴィジョンが手に持ち驚かせたが、コミックではブラック・ウィドウ、キャプテン・アメリカ、デッドプールなどが、特殊な状況では持ち上げることができた。

在といえた。

対するソーは、くどいようだが神だ。明らかに現実離れしている。この途方もないヒーローを、堂々実写映画で世に問い、なおかつシネマティック・ユニバースの一員として後々まで活躍させるための土台を作る。『マイティ・ソー』の課題は実のところ、他の作品のそれよりも難易度の高いものだった。

そんな映画は、天界アスガルド[★2]から始まる。MCU内の宇宙は、このアスガルドと人間の暮らす地球、別名ミッドガルドを含む9つの世界で構成されており、これらのすべてを統《す》べるのが神オーディン（アンソニー・ホプキンス）なのであった。と書いてみて思わず目を白黒させてしまう。『アイアンマン』第1部のエンド・クレジット後にニック・フューリーが言った通り、世界は我々が思うよりずっと広いのだ。

ともあれオーディンの息子ソー（クリス・ヘムズワース）は、今まさにアスガルドの王位を継承するところであった。ところが、氷の巨人フロスト・ジャイアント[★3]の襲撃により、継承式典を邪魔されて激昂《げきこう》。休戦中であった彼らの住む国ヨトゥンヘイム[★4]に侵攻する。

トニー・スタークと同じように、ソー・オーディンソンもまた初登場の時点では性格面に問題を抱える人物（神）だ。戦いを愛し、アスガルドの名誉を守ることに命をかける。しかし、父オーディンにその行動を咎《とが》められ、地球に追放される（ここで大人物として描かれるオーディンにも、まるで人のことを言えない暗黒の過去があることが明かされるのは、これから7

★2　アスガルド
北欧神話を基にした神々の住む王国。2007年のコミックでのエピソードでは、アスガルドが壊滅して住む場所を失ったあと、トニー・スタークが自社の建設部門を総動員し、アメリカはオクラホマ州ブロクストンの地に、アスガルド人のための住居を建ててあげたことがあった。

★3　フロスト・ジャイアント
ヨトゥンヘイムに生息する巨人族の一種。ヨトゥンヘイムには他に、アイス・ジャイアント、マウンテン・ジャイアント、ライム・ジャイアント（霜の巨人）、ストーム・ジャイアントがいる。

★4　ヨトゥンヘイム
北欧神話に登場する巨人が住む地。

年後のことだ)。謙譲の心を身につけるまでは、神としての力も、最強の武器ムジョルニアも、使うことができない。見知らぬ地球に落とされたソーの受難はこうして始まる。

ソーとロキの兄弟関係

アイアンマンに対するトニー・スターク、ハルクに対するブルース・バナーのような、もうひとつのアイデンティティがソーには存在しない。ソーは最初からソーなのだ。原作のソーはオーディンによって地球送りにされる際、ドナルド・ブレイク★5という人間の姿に変えられている。脚の悪いブレイクが手にした杖を叩きつけるとムジョルニアに変わり、その力で雷神ソーの姿を取り戻す……という設定は、いずれも捨てられた。映画が描くのは、この「ブレイク後」のソーであって、最初から裏も表もないヒーローなのである。

そんな雷神ソーの放逐劇は、すべて弟のロキ(トム・ヒドルストン)の仕組んだことだった。オーディンの息子として育てられながら、自身が実は氷の巨人の末裔《まつえい》であったことを知り、義兄に対する嫉妬心を爆発させるロキ。明らかに人間が小さい悪役といわざるをえないが、またその小ささが魅力のひとつでもあるという稀有なキャラクターだ。もともとはソー役のオーディションを受けていたというヒドルストンだが、その事実が信じられないほどに小悪党の悪役を生き生きと演じている。

これら義兄弟のおかしな関係は、後の『アベンジャーズ』と『マイティ・ソー』シリーズを

★5 ドナルド・ブレイク 人間に転生したときの名。医者として生業を立てている。本作で身分証がチラッと映るときに、ドナルド・ブレイクという仮名が記されていた。

通じて掘り下げられ、ついには『アベンジャーズ／インフィニティ・ウォー』で思わぬ結末を迎えることになる。

その起点となった『マイティ・ソー』第1部を今になって振り返ってみると、義兄弟はまだ互いにずいぶん真面目に愛憎劇を演じている。それが年を経るごとに、どうしても相容れないことはあっても兄弟は兄弟という、どこか腐れ縁というしかない関係に変容していく。ソーとロキの関係には、兄弟とはこんなものかもしれないというおかしなリアリティを感じてしまう。

天界と田舎町と

後に『キック・アス』（10年）や『キングスマン』（14年）を撮ることになるマシュー・ヴォーン[★6]、または『ヘルボーイ／ゴールデン・アーミー』（08年）を終えたばかりのギレルモ・デル・トロ[★7]らと交渉を持ったあと、マーベル・スタジオズはケネス・ブラナーに『マイティ・ソー』の監督をオファーした。

イギリス人のブラナーはその幅広いフィルモグラフィのなかで、何といっても『ヘンリー五世』（89年）や『から騒ぎ』（93年）、『ハムレット』（96年）といったシェイクスピア作品を演出して、押しも押されもせぬ地位を築いた監督だ。

マーベル・スタジオズは、今も昔も特定のジャンルで実績を上げた監督に、その得意分野で

★6　マシュー・ヴォーン　『キック・アス』などでポップソングを使って、これまでのコミック映画とはまったく違うスタイリッシュな演出を発明する。ただ『ソー』にキャスティングされたのは、演出手腕というよりも、2007年の『スターダスト』が魔法の世界を描くファンタジー映画だったからではないかと推測されている。事実、最初期の脚本は現行のもの以上にファンタジー色が強かった。

★7　ギレルモ・デル・トロ　2017年の『シェイプ・オブ・ウォーター』で、アカデミー作品賞を受賞した映画監督。『ブレイド2』ですでに一度、マーベル原作映画を監督したことがあった。またデル・トロが述べるに、ハルクのテレビシリーズやバットマンの他、コンスタンティンなどオカルト・ヒーローが集結する『ジャスティス・リーグ・ダーク』を監督する準備をしたことがあったという。

腕を揮《ふる》わせるアプローチを取っている。本作における神々の国アスガルドには、どこかＣＧ製の書き割りめいた非現実感が漂うが、そこで繰り広げられるいかにも荘厳で大げさな神々のドラマには、ブラナーの面目躍如たる説得力がある。しかし、黄金に輝くアスガルドの描写は、あくまで雷神ソーの背景を語るためのもので、物語が真に動き出すのは、主人公がアメリカはニューメキシコに放逐されてからだ。

神としての力を剥《は》ぎ取られ、真っ茶色な田舎町に放り出されたソーは、ここで地球の人々に出会う。天体学者のジェーン・フォスター（ナタリー・ポートマン）、そのメンターのエリック・セルヴィグ博士（ステラン・スカルスガルド）、インターンのダーシー（カット・デニングス）。純朴で善良な彼女らとのやり取りと並行して、雷神が天界と地球のカルチャー・ギャップに戸惑う姿が描かれる。

たびたび車に撥《は》ねられ、麻酔を打たれて失神し、スタンガンで悶絶《もんぜつ》させられるソー。または田舎のペットショップで馬を買おうとする。コーヒーマグやビールのジョッキを飲み干すたびに、もれなく床に叩きつける。大きな身体でいちいち間抜けな姿をさらすクリス・ヘムズワースの爆発的な可愛げが、よくよく考えてみれば、実に他愛のないコメディでしかないこのくだりを、いつまでも観ていたいものにしている。

『マイティ・ソー』は、荘厳な調子で語られる一大叙事詩と見せかけた異文化コメディだ。本作から7年後、第3部にして完結篇『マイティ・ソー　バトルロイヤル』において、シリーズはコメディ路線へと完全に舵を切ったが、すでにその萌芽は第1作にあったといえる。

好人物ばかり出る「感じのいい」映画

『マイティ・ソー』はそれ単体で成立する映画ではあるけれども、言うまでもなく『アベンジャーズ』へのセットアップという役割も担っている。『アイアンマン2』にも出てきたS.H.I.E.L.D.がここにも登場、ソーを捕縛して物語の足を止める。S.H.I.E.L.D.関連のエピソードは本筋に何ら影響するものではなく、そのぶんの時間で主人公と地球人たちの愉快なやり取りをさらに描くなりしたほうがよかったのではないかとさえ思う。

天界アスガルドとニューメキシコの田舎のみで展開する、本作はどこか歪《いびつ》な作品ではある。大したことのひとつも起こらない『マイティ・ソー』を、それでもついつい何度も観たくなるのは、これが実に感じのいい映画だからだ。

感じのいい映画、というのもボンヤリした話だが、何しろ好人物ばかりが出てくる。主人公からして、たいへんな快男児だ。確かに人間的には未熟で、やたらと血気盛んではあるが、決して嫌な奴ではない。

また、故郷の一大事を知らせに、ソーを追ってくるアスガルドの仲間たちがいい。女戦士のシフ（ジェイミー・アレキサンダー）、「ウォリアーズ・スリー」こと巨漢のヴォルスタッグ（レイ・スティーヴンソン）、色男のファンドラル（ジョシュア・ダラス）と、寡黙な戦士ホー

『Journey Into Mystery』 #118の表紙。ジャック・カービー筆によるソーとデストロイヤー。この号がデストロイヤーの初登場となる。

ガン（浅野忠信）。いずれも決して大きな役どころを演じるわけではないが、あえてそれぞれの役名をはっきりと書いておきたくなる。天界の戦士そのままの格好で田舎を練り歩き、ようやくソーを見つけるや嬉しそうに食堂のガラスを叩く。彼らは後に続くシリーズでも顔を見せるが、大した活躍の場は与えられていない。第3部にいたっては、シフは未登場、ウォリアーズ・スリーはそれぞれ出てくるなり死んでしまう。いずれも不遇な運命をたどることになる彼らが輝くような笑顔を見せる、何ということのない場面を、『マイティ・ソー』で観直すたびに思わず泣いてしまう。我ながらどうかしていると思うが、本作には失われた青春を思わせるような無邪気な輝きがあるのだ。

　祖国アスガルドの覇権、およびそこから出《い》

でた神であることへのプライドに凝り固まっていた序盤から、ジェーン・フォスターをはじめとするミッドガルド＝地球の人々との関わりを通じて、アスガルド以外にも人々が生きて暮らしていること、その価値を学ぶ。

ロキが送り込んだ殺人機械、デストロイヤー★8（このマシーンのデザイン、造形が完全にジャック・カービーの描いたコミックそのままで思わず感動する）の前に身を投げ出し、自身を犠牲にしても地球の人々を救おうとする……。

主人公ソーがもともと可愛げの権化として描かれているために、実はその成長が映画の始まりと結末とでわかりにくい、という欠点が本作にはある。だがそうしたことを超えて、愛すべき雷神の姿を描き切ったことにこそ、『マイティ・ソー』の価値があるのだ。

★8　デストロイヤー
オーディン、ヴィシュヌ、ゼウスという神話の神々が、セレスティアルズというマーベル・コミックスに登場する宇宙の神々に対抗するために、神の魔力を封印して作られた鋼鉄の巨人。厳密には鉄なんて生易しいものではなく、ソーのムジョルニアに使われた鉱石以上に硬い、名前のない鉱物からなる。

キャプテン・アメリカ／ザ・ファースト・アベンジャー

ウルトラ右翼という暗黒オリジン

ナチスと戦うヒーローが生まれたわけ

赤、白、青の星条旗模様のユニフォームと、やはりスターズ・アンド・ストライプスをあしらった円形の盾。マスクの額にはアメリカの「A」が誇らしげに輝く。その背景を何も知らなければ、キャプテン・アメリカというスーパーヒーローには、いかにも「アメリカ万歳」的なウルトラ愛国者というイメージが付きまとう。

マーベル・ヒーローが結集する『アベンジャーズ』への準備は、この男を映画世界に導入することで完了するが、考えようでは北欧神話の雷神ソーよりも、真面目に受け入れられがたい存在かもしれなかった。

キャプテン・アメリカは1940年12月、ジョー・サイモン[★1]とジャック・カービーが生んだキャラクターだ。真珠湾攻撃からさかのぼること1年前のこの時期、アメリカは第二次世界大戦への不干渉という態度を維持していた。

【作品情報】

2011年／監督:ジョー・ジョンストン／出演:クリス・エヴァンス、ヘイリー・アトウェル、トミー・リー・ジョーンズ、セバスチャン・スタン、スタンリー・トゥッチ、ヒューゴ・ウィーヴィング、トビー・ジョーンズ、ドミニク・クーパー

★1　ジョー・サイモン
新聞社や出版社でイラストレーターとして活躍後、タイムリー・コミックスが出版する「マーベル・コミックス」の発行者マーティン・グッドマンに引き抜かれ、最初の社員となる。2011年に98歳で死去。

しかし、すでにヨーロッパでは、ナチス・ドイツが猛威を振るっていた。38年11月9日には、ドイツ全土で反ユダヤ主義暴動が起こっていた。「水晶の夜」と呼ばれるこの暴動では、100人近いユダヤ人が殺害され、またユダヤ人の住宅や企業、教会が次々に破壊された。アドルフ・ヒトラーのナチス党は、この暴動を「民族精神の蜂起」と称して正当化した。しかも、迫害を逃れてアメリカにたどり着いたユダヤ人難民の受け入れを、アメリカ政府は拒否していた。

こうした状況に、コミックをもって対抗したのがサイモンとカービーだった。病弱なスティーブ・ロジャース青年は、何度も兵役検査に撥ねられるが、米軍が研究を進めていた超人兵士研究計画の被験体となって強靭《きょうじん》な肉体を手に入れる。ロジャースはキャプテン・アメリカを名乗り、悪の枢軸国との戦いの最前線に身を投じる……。

いずれもユダヤ系のサイモンとカービーによるコミックは、約100万部を売り上げる大ヒットとなったが、同時にこれをユダヤのプロパガンダと指弾する声も起こった。米国内の親ナチ派は、サイモンとカービーに脅迫状を送りつけ、さらにマーベル・コミックスの前身、タイムリー・コミックスのオフィスを取り囲んだ。

そうした逆風がありながらも、月刊のコミックはやがて第二次大戦への参戦を決めたアメリカでヒットを続けた。キャプテン・アメリカをはじめとするヒーローたちは、雑誌のなかでナチスや日本軍と戦いを繰り広げ、若い読者たちに戦時国債を買い、祖国を支えるように呼びかけた。

その後、戦争が終わるとキャプテン・アメリカは急速に人気を失い、姿を消した。50年代にはウルトラ右翼の反共ヒーローとしてほんの短い間復活するが、やはりフェイドアウト。スーパーヒーローとして真の復活を遂げたのは、64年のことだ。大戦末期に北極海★2で姿を消して以来、氷漬けになって生き延びていたキャップ。『アベンジャーズ』誌第4号で復活後は、古きよきアメリカの価値観と、変容してしまった祖国とのギャップに悩みながら、それでも自由の守護神として戦い続けている。

オリジンに真摯な物語

戦時中に氷漬けになり、現代に復活したスーパーヒーロー。映画はそこから物語を始めることも可能だった。事実ジョン・ファヴローは、過去と現在のカルチャー・ギャップを扱ったコメディというアイディアを提案していたという。しかし映画は40年代を舞台に、純然たるキャプテン・アメリカの誕生物語を伝えることを選択している。

監督にはジョー・ジョンストンが決まった。『スター・ウォーズ』旧3部作（77〜83年）、『レイダース／失われたアーク《聖櫃》』★3（81年）といった作品に、アート・ディレクターとして参加、後に30年代末期を舞台にした『ロケッティア』★4（91年）、50年代にロケット作りに挑んだ少年たちを描く『遠い空の向こうに』★5（99年）などの作品を監督している。

★2　北極海
ルイ・レテリエの『インクレディブル・ハルク』のブルーレイ版には、別バージョンのエンディングが収録されている。それはバナーがハルクを殺すため、北極で自殺を試みようとするものだ。バナーからさほど離れていない場所に、キャプテン・アメリカの盾が雪に埋もれつつも転がっているのが確認できる。

★3　『レイダース／失われたアーク《聖櫃》』
1981年・米／監督：スティーヴン・スピルバーグ／脚本：ローレンス・カスダン／出演：ハリソン・フォード。オカルトに取り憑かれたナチスと、神秘的な〝秘宝〟をめぐって争う。ジョーストンは、美術面でもプロット面でも、『ザ・ファースト・アベンジャー』の着想の原点が本作であると公言している。

★4　『ロケッティア』
1991年・米／監督：ジョー・

異世界を舞台にシェイクスピア的な物語が展開した『マイティ・ソー』の監督として、ケネス・ブラナーを指名したように、マーベルは『キャプテン・アメリカ』には過ぎ去った時代への郷愁をテーマにしてきたジョンストンを採用した。第二次大戦中のキャプテン・アメリカの物語を映像化するにおいて、間違いのない人選だったといえる。

クリストファー・マルクスとスティーヴン・マクフィーリー★6が脚本に取りかかった。本作を含む『キャプテン・アメリカ』シリーズ3作品、それに『アベンジャーズ／インフィニティ・ウォー』にいたるまで、このあとマーベル・スタジオズで長らく仕事をすることになる脚本家コンビは、現代に目覚めたキャプテン・アメリカという要素を捨てて、第二次大戦当時のキャプテン・アメリカ誕生物語にストーリーの焦点を絞った。

映画は戦前に描かれた原作を忠実になぞる。主人公スティーブ・ロジャース（クリス・エヴァンス）は前線に向かい、ファシストと戦って自分自身を証明したいと願うが、病弱がゆえに兵役検査に何度も撥ねられる。

一方そのころ、米軍が研究を進めていた超人兵士製造計画。特殊な血清と光線を用いて、人間の身体能力を爆発的に向上させるこの研究の主導者アースキン博士は、ロジャースを被験体として見出す。超人兵士血清は、被験体がもともと持つ資質を強化するもので、怒りや狂気もそのまま増幅されてしまう。だからこそ正義感と善良な心、弱い者への共感を持つロジャースが適任なのだと博士は言う。果たして実験は成功、ロジャースは超人兵士として生まれ変わ

ジョンストン／脚本：ダニー・ビルソン、ポール・デ・メオ／出演：ビル・キャンベル、ジェニファー・コネリー。デイブ・スティーブンス原作のコミックを実写化。ロケット・パックと呼ばれる（戦闘能力のないアイアンマン・アーマーのような）飛行装置を手に入れた曲芸飛行師が、そのロケット・パックをめぐってナチスのスパイと戦う。2019年、本作はディズニーによって子ども向けアニメとしてテレビ放送されると発表されている。

★5　『遠い空の向こうに』1999年・米／監督：ジョー・ジョンストン／脚本：ルイス・コリック、ホーマー・ヒッカム・Jr.／出演：ジェイク・ギレンホール、クリス・クーパー。NASAのロケット・エンジニアになるホーマー・ヒッカムの少年時代の自伝を基にした映画。

★6　クリストファー・マルクスとスティーヴン・マクフィーリー

る。

改造用ポッドから現れるクリス・エヴァンスの完璧な肉体。それ以前の、CGIによって再現された痩せっぽちのロジャース（エヴァンスの顔を、背の小さな俳優の身体に合成している）とのコントラストが見事だ。

アイアンマンやソーとは違い、これはヒーローの成長物語ではない。スティーブ・ロジャースは映画が始まった時点で、すでに人間としての内面的成長を遂げている。その精神に肉体がついてこない……たとえば神としての肉体を持ちながら、精神的には未熟であった雷神ソーとは、真逆の境遇だ。

そうした違いはありつつ、作品はマーベル・スタジオズ製映画の定型を忠実になぞってもいる。スティーブ・ロジャースの内心の善性を信じ、彼を超人兵士計画の候補者として選んだアースキン博士。改造手術が成功すると同時に、ナチ＝ヒドラのスパイに撃たれ、ロジャースの胸を指差して死んでいく。「完璧な兵士ではなく、善良な人間であってほしい」。博士の言葉がロジャースに刻まれる。そしてキャプテン・アメリカがヒーローとして走り出す。

「愛国プロパガンダ」の側面をメタに描く

アースキン博士の死によって、最初で最後の超人兵士になってしまったスティーブ・ロジャース。いかに常人離れした肉体と身体能力を持っていようと、ひとりで戦争に勝てるもの

2004年の『ライフ・イズ・コメディ！ ピーター・セラーズの愛し方』でのデビュー以来、コンビで脚本を執筆している。『ナルニア国物語』3部作すべてを執筆した他、MCUでは『ダーク・ワールド』『ウィンター・ソルジャー』『シビル・ウォー』『インフィニティ・ウォー』『エンドゲーム』を手がけた。

右が『Captain America』#1の表紙。キャップが殴っているのはヒトラー。左は同誌8号の表紙で、キャップが日本の戦闘機に正義の鉄槌を下そうとしている。

ではない。戦略的な価値を失って持て余され、あとはプロパガンダに使われるしかない。戦時国債のセールスマンとして、アメリカ中をドサ回りさせられる。

ここで主人公が着せられる厚手の野暮ったいタイツは、このヒーローが原作コミックで初登場時から長らく着ていたものだ。劇中には、まさにその『キャプテン・アメリカ・コミックス』誌第1号も登場。40年に実際に発表された、キャップがアドルフ・ヒトラーの顔面にパンチを見舞う表紙のコミックが、そのまま使われている。星条旗柄の衣装を着て、頭の横には小さな羽根のついた、愛国プロパガンダとしてのキャプテン・アメリカ。現実の第二次大戦当時に米国内で受容されたヒーローの姿を、映画はメタフィクションとして描き出す。

愛国キャンペーンの道具として利用されることを、もちろんロジャース本人は受け入れられない。ドサ回り先のヨーロッパで同胞が捕虜にされていると聞き、独断で救出に向かうキャプテン・アメリカ。最強の軍人として作られながら組織に盲従するのではなく、自らの信じることをなすヒーローとして動き始める。

超人兵士としての価値をようやく認められ、舞台用の厚ぼったいタイツも実戦用のユニフォームとしてアップデートされる。青いヘリンボーン地の軍服、ヘルメットに改められたマスク。特徴的な赤白のストライプは、身体を走るベルトとして配置されている。コミックのコスチュームに意味を持たせながら、同時にどこからどう見てもキャプテン・アメリカそのものとして成立させているこのデザインは絶妙だ。

理想化された第二次世界大戦

こうして本来意図された通りのスーパー・ソルジャーとして活躍を始めるキャプテン・アメリカ。映画はキャップと彼の部隊、ハウリング・コマンドーズ★7の獅子奮迅の戦いぶりを描き出す。

しかし、実は本作最大の問題がここにある。ヒーローの戦いがモンタージュで描かれるにいたって、ここまで端正に積み重ねられてきたドラマの流れが途切れてしまうのだ。2時間しかない上映時間のなかで、キャプテン・アメリカの誕生と活躍、(そして『アベンジャーズ』に

★7　ハウリング・コマンドーズ　『フューリー軍曹とハウリング・コマンドーズ』というコミックが初出。タイトルの通りハウリング・コマンドーズは、鬼軍曹フューリーの部下という設定で始まった。

繋ぐためには）その最期までを描かなければならない。決まった結末に向かって物語を動かさなければならない以上、第2幕のキャプテン・アメリカ活躍篇が、いわばダイジェストにならざるをえないのは仕方がないことなのかもしれない。

しかしこの圧縮展開によって、後のシリーズでも極めて重要な役割を果たすことになるキャプテン・アメリカの親友、バッキー・バーンズ（セバスチャン・スタン）との友情物語も、やはりダイジェスト的に流されてしまう。国防組織S.H.I.E.L.D.の前身、SSR（戦略科学予備軍）のエージェントとして登場し、ロジャースと心を通わせることになるペギー・カーター（ヘイリー・アトウェル）との関係についても同じことだ。MCUという一大フランチャイズを築き上げるために、明らかにいくつかのドラマが犠牲になっている。返す返すも惜しい話である。

映画は第二次大戦を舞台にしているとはいえ、それはあくまでマーベル世界における戦争の歴史でしかない。ナチス・ドイツはその下部組織であるヒドラに取って代わられ、作品の表面にはほとんど登場しない。ホロコーストについての言及もなければ、生々しい戦場も描かれることはない。（21世紀にも存在しないような）レーザー銃を使うヒドラの兵士たち。もちろんヒドラが映画の冒頭で入手したテッセラクト＝スペース・ストーン★8から力を引き出し、未知の武器を量産しているという説明はされているが、それでもやはり作品がその時代設定をあえて第二次大戦中に持ってきた意味は薄れてしまっている。

★8　スペース・ストーン
ワームホールを作り出し、空間を移動することができる。

本作があくまでコミック・ヒーローについての全年齢向け映画であることを考えれば、こうしてナチスを漂白することはやむをえない措置だったのかもしれない。が、史実における戦時中のキャプテン・アメリカをフィクションのなかに巧みに織り込んでみせたウィットを思い出せば、あるいは他にもやりようはあったのではないかと考えてしまう。

『ザ・ファースト・アベンジャー』は、あくまでファンタジーとして捉えるべき映画なのかもしれない。たとえばペギー・カーターの存在をとっても、軍隊という男社会でエリートとして活躍する彼女は実に頼もしく、ヒーローのロマンスの相手という役割を超えて魅力的だ。またはキャップと行動をともにする面々であるハウリング・コマンドーズは、人種国籍混合の寄せ集め部隊だ。フランス人にアフリカ系、日系の兵士も顔を揃《そろ》える。

だが、実際の第二次大戦においては、アフリカ系も日系も明確に差別されていたし、まして女性が最前線で戦うこともありえなかった（ハリー・トルーマンが米軍内の人種差別を撤廃するための大統領令を発布したのは戦後、48年になってのことだ）。いかに理想化された世界を描いているとはいえ、キャプテン・アメリカが生きた時代には、いくらでも掘り下げることが可能な要素があったはずだ。映画が2時間で終わらなければならなかったことが、やはり恨まれる。

こうしたいくつかの問題もありながら、『ザ・ファースト・アベンジャー』はそれでも観客の心のなかに、何か特別なものを残す映画だ。「マーベル・シネマティック・ユニバース」という架空の世界に作られたひとつの歴史。キャプテン・アメリカはその歴史のなかで一度眠りにつき、そして70年の時を経て蘇る。だが、その70年という時間は本人にとってはほんの一瞬のことに過ぎないし、それは観客にとってみても同じことだ。マーベルの映画世界が現代に拡張を続ければ続けるほど、『ザ・ファースト・アベンジャー』でセピア色の輝きをもって描かれた過去が、何かかけがえのないものとして胸に迫ってくる。歴史があくまで理想化されたものとして描かれたからこそ、観客はそれがもはや永遠に失われた時代であることを——キャプテン・アメリカと同じように——感じるのかもしれない。

アベンジャーズ

ヒーローたちはアメリカのトラウマと闘う

「クロスオーバー」超大作

「クロスオーバー」という言葉を、スーパーヒーロー・コミックの世界ではしばしば目にする。DCコミックスもマーベル・コミックスも、それぞれひとつの世界に膨大な数のヒーローたちを抱えている（厳密にはひとつどころではなく、無数に並行世界が存在したりもするのだが、その件は置いておく）。

普段は個々に一枚看板を掲げてそれぞれの冒険を繰り広げるキャラクターが、タイトルの垣根を超えて結集、いつもより強大な敵や世界を揺るがす大事件を前に、派手な共演を見せる。おおむね年に一度ブチ上げられるそんな一大イベントに、どういうわけだか毎度ついつい興奮させられてしまう。ヒーローたちが、タイトルをまたいで共闘することで生まれる新しいドラマ。その結果として作品世界に起こる地殻変動。何かとんでもないことが起こる予感がする……そんな期待で読者を引っ張るクロスオーバーとは、ヒーロー・コミックというジャンルに特有な文化のひとつだ。

【作品情報】

2012年／監督:ジョス・ウェドン／出演:ロバート・ダウニー・Jr.、クリス・エヴァンス、マーク・ラファロ、クリス・ヘムズワース、スカーレット・ヨハンソン、ジェレミー・レナー、トム・ヒドルストン、クラーク・グレッグ、サミュエル・L・ジャクソンまたはスーパーヒーローのチーム、というアイディア。DCコミックスのジャスティス・リーグ★1しかり、マーベルのアベンジャーズしかり、もともと単独で人気を博してきたキャラクターを、ひとつのチームにまとめてパッケージする。雑誌1冊の値段で複数のヒーローたちの活躍が楽しめる効率のよさもさることながら、何よりそれぞれに強い個性を持った面々がぶつかり合うことで生まれるダイナミクスが魅力だ。スーパーヒーロー・チームもまた、クロスオーバーのひとつの単位だといえる。

マーベル・スタジオズは、映画の世界にこのコンセプトを持ち込んだ。それぞれのヒーローの物語を毎月毎月語り続け、いずれ満を持して彼らの総登場する一大イベントを世に問う。マーベル・コミックスが数十年にわたって続けてきた方法論を、映画館に再現すること。それこそがスタジオが目標としてきたことだった。『アイアンマン』で映画産業に殴り込みをかけて以来、周到に積み上げてきた5本の作品の集大成として、『アベンジャーズ』がここにとうとう実現をみることになった。

頼れる男、ジョス・ウェドン

MCU第一次決算の舵取りを任されたのは、ジョス・ウェドン★2。それより以前に監督した長篇映画作品は、2005年の『セレニティー』★3 1本のみだった。これはかつて自身が手がけたSFテレビシリーズ『ファイヤーフライ』の映画版で、評価こそ悪くはなかったが、世間を騒

★1　ジャスティス・リーグ　スーパーマン、バットマン、ワンダーウーマンなど、DCコミックスの人気ヒーローたちが集結したチーム。結成は1960年と、マーベルのアベンジャーズ結成の1963年より早い。2003年には『JLA／Avengers』というシリーズで、DC・マーベルの名門ヒーローチームがクロスオーバーした。また、2017年の映画版には、マーベルで『アベンジャーズ』などを監督したジョス・ウェドンが、監督（ノンクレジット）と脚本で参加している。

★2　ジョス・ウェドン　ウェドンは脚本家の家系で育った。祖父のジョンはテレビドラマ『うちのママは世界一』、父のトムは『セサミ・ストリート』で知られるジム・ヘンソンのテレビシリーズに関わっていた。弟のジェドはMCUの『エージェント・オブ・シールド』の製作総指揮・脚本を務めている。

がせるほどのものではなかった。

しかし、ウェドンは90年代から、脚本家としてテレビと映画の世界で手腕を発揮していた。テレビシリーズ『バフィー〜恋する十字架〜』★4（97〜03年）と、そのスピンオフ『エンジェル』（99〜04年）をヒットさせる傍《かたわ》ら、『トイ・ストーリー』（95年）の脚本を書き、さらには『スピード』（94年）や『X－MEN』（00年）などの大作では、スクリプト・ドクターとして他の作家による脚本に手を入れている。

1997年の『エイリアン4』もウェドンが脚本を書いている。本人は完成した映画に対してたいへん批判的だが、前作で死んだシガーニー・ウィーヴァー演じる主人公を200年後の世界に蘇らせるという荒業を、説得力を持ってやり切っている。並の脚本家であれば盛大に失敗するか、そもそも受けないであろう仕事を完遂するのだから、大したものだ。ウェドンは当時から頼れる男だったのである。また、04年からはマーベル・コミックスで『アストニッシング・X－MEN』★5の原作も担当するなど、スーパーヒーロー・コミックへの造詣《ぞうけい》も深かった。

確かなキャラクター演出の手腕、物語構成におけるバランス感覚。それにコミック文化へのリスペクト。マーベル・スタジオズが見込んだであろうそうした才能を、ウェドンは『アベンジャーズ』で見事に発揮している。

★3 『セレニティー』
2005年・米／原案・監督・脚本：ジョス・ウェドン／出演：ネイサン・フィリオン、ジーナ・トーレス。主人公たちは密輸や盗みと、イリーガルなことで生業を立てるはぐれ者で、『スター・ウォーズ』のハン・ソロとチューバッカらを下敷きにした造形。インペリアル・シャトルなど、スター・ウォーズの宇宙船が、オマージュとして多く映し出されている。

★4 『バフィー〜恋する十字架〜』
1997〜2003年にアメリカで放送されたテレビドラマ。ジョス・ウェドンが原案、監督、脚本を務め、サラ・ミシェル・ゲラー、クリスティン・サザーランドらが出演した。シリーズの原案を作ったウェドンは、「ホラー映画のなかで最も無力な存在として描かれるブロンドのティーンを主人公に設定することによって、女性の力を描く」ことが着想だっ

超人たちによる『がんばれ！ベアーズ』

ザック・ペンによる脚本に、ウェドン自らが手を入れた映画の物語は、思い返せば拍子抜けするほどにシンプルなものだ。『マイティ・ソー』の最後で行方不明となっていた邪神ロキが復活、地球への侵攻を開始する。この危機に、地上最強のヒーローを結集させる「アベンジャーズ計画」を実行に移すS.H.I.E.L.D.長官ニック・フューリー。出自も性格も異なるスーパーヒーローたちは、それぞれのエゴを乗り越えて、世界を救うことができるのか……。細かなディテールをあえて端折《はしょ》れば、『アベンジャーズ』とはこれだけの話である。

映画が下敷きにしているのは、1963年のコミック『アベンジャーズ』誌第1号。アイアンマンとソー、ハルク、アントマンとワスプというオリジナル・メンバーは、ここで初めて合体し、やはりまずロキと戦っている。映画化された本作の時点では、まだシネマティック・ユニバースに登場していないアントマンとワスプの代わりに、原作ではその後第4号になって合流したキャプテン・アメリカ、さらに遅れてメンバーとなったブラック・ウィドウとホークアイ（ジェレミー・レナー）を加えて、チームが（とりあえず）出来上がる。

コミックでも個性をぶつけ合っていたアベンジャーたちだが、映画もその前半部分を丸々費やしてメンバーの小競り合いを描く。たとえば、スティーブ・ロジャースとトニー・スタークは、初対面からうまくいかない。個人主義の権化で、あらゆる物事に対してふざけた態度を取

た と語っている。後にダークホース・コミックスより漫画化、こちらもウェドンがスクリプトを書いた。

★5 『アストニッシング・X-MEN』

ライターにジョス・ウェドン、アーティストにジョン・キャサディを迎え、2004年から連載された（2010年にヴィレッジブックスより邦訳版が刊行）。2006年に「最優秀連載中シリーズ」部門でアイズナー賞を獲得。

るスターク。対するロジャースは、ついこの間北極の氷から掘り出されたばかりだ。第二次世界大戦末期のままで時間は止まっている。兵士としての規律、それに正しい戦いを常に希求するロジャースとしてみれば、スタークを許せるはずがない。または、雷神ソーにしても同じことだ。義弟ロキがまた面倒を起こそうとしている、そんな事態にひとり地球に乗り込んでくる。そもそもミッドガルド（地球）の住人たちと共闘する気など毛頭ないから、アイアンマンと出会い頭に一大バトルを演じてみせたりする。

本作で描かれるヒーロー同士のドラマは、枚挙にいとまがない。トニー・スタークとブルース・バナーという、科学者同士で交わされる会話（そういえば、スタークが天才的なエンジニアだったことを改めて思い出す）。ハルクとソーの、お互い力に物をいわせた暴力的なぶつかり合い。ブラック・ウィドウとホークアイの、双方がスーパー・スパイであるからこそ生まれる心の交流。

これまでに単独の映画で活躍してきたヒーローたちを、同じ物語の軸線上に配置するからこそ生まれるドラマがある。『アイアンマン』と『キャプテン・アメリカ』は、もちろんタイトルロールの彼らを中心に据《す》えた物語であったから、基本的にはヒーローたちの人間性や考え方は肯定されるべきものとして描かれてきた。ところが、彼らを同じ舞台に並べることで、各単独主演作では見えなかった個々の人間性が露わになってくる。

アイアンマンの皮肉は、キャプテン・アメリカの前ではいかにも感じの悪いものに聞こえるし、逆にキャプテン・アメリカの素朴さは、アイアンマンの前では厄介な頑迷さに見えてくる。『マイティ・ソー』で謙譲の心を身につけたはずの雷神も、義弟が地球に迷惑をかける事態にあってはすっかり余裕を失って、本来の傲慢さを取り戻してしまう。そうして個々の人間性が剥き出しになったヒーローたちのぶつかり合いが描かれる、まるで『がんばれ！ベアーズ』★6（76年）のような展開が、『アベンジャーズ』の魅力のひとつだ。

映画がそろそろ前半を終えようというころ、それまでに燻《くすぶ》ってきたチーム内の不信感がいよいよ限界に達する。それぞれのフラストレーションを爆発させ、狭い部屋のなかで互いに罵《のの》り合う。思いがけず描かれる彼らの激しいクロストークは、間違いなく映画のひとつのクライマックスとなっている。

1本の映画にスーパーヒーローをどれだけ集めようと、キャラクター同士の化学反応が描かれない限り、それはたとえば自動車のカタログやファストフードのメニューと大差のないものになってしまう。色とりどりのキャラクターを対置、互いにインタラクトさせることで、それぞれの個性がより多面的に見えるようになる。そこに本作のようなクロスオーバー作品の価値があるといえる。

「はっきり見せる」アクションの素晴らしさ

もちろん、各キャラクターの小競り合いだけが『アベンジャーズ』の見どころではない。異

★6　『がんばれ！ベアーズ』1976年・米／監督：マイケル・リッチー／脚本：ビル・ランカスター／出演：ウォルター・マッソー、テイタム・オニール。野球はど下手、そのうえ問題児だらけな少年野球チーム「ベアーズ」を、夢破れ今はアル中となった元プロ野球選手が立て直す。逆転劇の名作中の名作。

星人チタウリ[★7]の軍勢を引き連れて、いよいよロキがニューヨークへの侵攻を開始する第3幕では、スーパーヒーローたちの大バトルが展開する。それぞれのエゴを乗り越えて、ようやくひとつのチームにまとまるアベンジャーズ。臨戦態勢の彼らひとりひとりをカメラが捉え、その周囲をワンカットでぐるりと回り込む。

最終決戦直前のこの場面は、登場人物を並べて見せるという、考えてみればそれだけのものでしかない。しかし、映画がその3分の2を費やしてメンバーたちの衝突を描いてきたからこそ、この画には思わず感極まって立ち上がり、拍手喝采を送りたくなるようなケレン味を感じるのだ。

そこから映画は、ノンストップのアクションを見せる。大都市の上空に出現したポータルから、次々に送り込まれる異星人の群れ。押し寄せる敵を目の前に、キャプテン・アメリカがチームに決然と指示を下す。ホークアイは高所から状況を把握、アイアンマンは機動力を生かして防御線内の敵を各個撃破、破壊力に勝るソーは、ポータルに雷撃を加えて敵の侵入を食い止め、自身とブラック・ウィドウはその場に残って戦闘を継続、そしてハルクは……暴れる(チームのワイルドカードというポジションを手に入れたハルクは、これまでの単独映画で描かれたいずれのバージョンよりも生き生きしている)。

キャラクターそれぞれの特性に基づいた役割分担が、ここでなされる。また感心させられるのは、キャプテン・アメリカの作戦がその範囲をはっきりと規定していることだ。グランド・

★7 チタウリ
2002年、映画『アベンジャーズ』の原典のひとつとしても数えられるコミック『アルティメッツ』(2012年に小学館集英社プロダクションより邦訳版が刊行)で、ヴィランとして登場。『アルティメッツ』は、過去のアベンジャーズの歴史のパラレルワールドとして設定されており、チタウリはマーベル・コミックスで有名なエイリアン、スクラル人を翻案したものとなっている。チタウリの設定を作ったマーク・ミラーは、世界はイルミナティやレプタリアン(爬虫類人)に支配されているという陰謀論者の妄想をカリカチュアした設定だと語っている。

セントラル駅から3ブロック以内に敵を封じ込め、戦闘がマンハッタン島全域に広がることを回避する。こうして作戦がはっきりと語られるために、それから継続する一連の長いアクションにおいて、観客は道に迷うことがない。スーパーヒーローたちが満を持して迎えた一大決戦を見せる、そのためのウェドンのセットアップは実に見事だ。

絶え間なく続く戦いのなかで飛び出す、ヒーローたちの連携も嬉しい。アイアンマンの放ったリパルサー光線を盾で反射させ、押し寄せる敵をまとめてなぎ倒すキャプテン・アメリカ。次々に起こる破壊をランダムに積み上げるのではなく、キャラクターを見せるための手段としてアクションが展開する。

30分にわたって展開するこのニューヨーク決戦。主人公たるヒーローの魅力を十二分に描きながら、物語そのものを締めくくる最後の戦いは、おおむね急ぎ足で処理されてしまう……という、これまでのマーベル映画によく見られた問題点が本作でとうとう解消されている。

ウェドンによる本篇の画作りは、どこまでもわかりやすい。ほとんどのアクションは明るい昼日中に展開する。ヒーローたちが戦いを繰り広げる場面では、必要以上にカットを割ることも、またはフラッシュを明滅させることもない。ときには必要以上に明るい画面で、映っているものをはっきりと見せる。そのことに対するウェドンのこだわりには、いっそ偏執的なものさえ感じる。

夜の闇にヒーローを紛れ込ませたり、雨や霧といったフィルターを画面に被せたり、あるいは目まぐるしくカットを割ってみたりする。過去のコミック・ヒーロー映画にしばしば見られたそうした画面作りは、実のところキャラクターのあまりに現実離れした存在感を少しでも薄めてみようという試みではなかったか。あるいは、登場人物たちが原作で身につけていた眩《まぶ》しい赤や青のユニフォームが、実写になってみればひどく色あせていたり、場合によっては黒一色に変更されていたりもする。ライブ・アクションとして違和感のないように……という配慮、ないし恥じらいが、コミック原作映画のビジュアルを支配していたのではないかと思わざるをえない。

実写でコミックを見せる、という試み。『アベンジャーズ』においては、コミックを映画に合わせるのではなく、映画というメディアをコミックが乗っ取っている。ケヴィン・ファイギ以下マーベル・スタジオズの続けてきた試みが、いよいよここで極まっている。

「ニューヨーク決戦」の意味するところ

マーベル・スタジオズの宿願であったスーパーヒーロー・クロスオーバー作品として、『アベンジャーズ』は見事に結実した。映画は全世界で15億ドルを稼ぎ出す大ヒットを記録。かつて自社のキャラクターを担保に製作費を借金、一か八かの賭けに出たマーベルは、当初誰も想像さえできなかった勝利を手にした。しかし、そうした数字や、あるいはジョス・ウェドンが情報量のやたらに多いコミック・ヒーロー映画を器用にまとめ上げた、という事実を超えたもうひとつの意味が『アベンジャーズ』にはある。

異星人の大軍勢をスーパーヒーローのチームが迎え撃つクライマックスは、白昼のニューヨークで起きる。この明るいニューヨークのど真ん中、という舞台設定について考えてしまう。

劇中で重要な役割を果たす超高層ビル、スターク・タワーはニューヨークに位置しているけれども、都市にエイリアンが攻めてくるという状況だけ作れれば、どこでもよかったはずなのだ。

ところが映画は45番街から38番街、それにグランド・セントラル駅といったリアルな都市を描くことにこだわる（製作陣は、画面に映る建物の写真を撮れるだけ撮って綿密な撮影計画を練り、また使用許可の取れる建物からはすべて撮影の許諾を取ったという）。青い空の下に広がるニューヨーク。牽強付会《けんきょうふかい》を承知のうえで、どうしても9・11テロのことを思い出さずにはいられなくなる。

01年のアメリカ同時多発テロから3か月後に、マーベル・コミックスが発表した『アメイジング・スパイダーマン』誌36号。真っ黒い表紙にタイトルだけが白抜きで印刷された同誌は、それまでに続いていたストーリーを中断して、テロ攻撃直後の世界貿易センタービルの情景を描いている。

右が『Amaizing Spieder-Man』 #36の表紙。左は同コミックのなかで、惨状に立ち尽くすしかできないスパイダーマン。

エピソードは、スパイダーマンが崩れ落ちたビルにようやく到着して、その惨状に思わず目を覆うところから始まる。凄惨な現場から逃げてきた人々とすれ違い、いったいどこで何をしていたのかと責められるヒーロー。「誰にも予想できなかった」「誰にも止められなかった」と、スパイダーマンは独白する。

キャプテン・アメリカやウルヴァリンら、その多くがニューヨークを本拠地にしているマーベル・ヒーローたちだが、誰にも現実に起こった攻撃を止めることはできなかった。いつものユニフォームを着て、消防隊員らに混ざって瓦礫《がれき》の撤去を手伝うだけのスーパーヒーロー。

悪役たちまでもがグラウンド・ゼロにやって来て、その光景に言葉を失っている。X-MENの宿敵マグニートー★8、ニューヨークの

★8 マグニートー
スタン・リー、ジャック・カービーが1963年に生み出したX-MENに登場するヴィラン（ときにはヒーローとなることもある）。超能力を持つミュータントと、無力な人間を明確に分け、下等な人間は排斥すべきだという思想を持つ。

★9 キングピン
本名はウィルソン・フィスク。天才的謀略家であるのみならず、スーパーパワーを持たない人間としては最強といっていい格闘スキルも持ち合わせる。MCUの一部をなすNetflixドラマシリーズ『デアデビル』にも、最大のヴィランとして登場。演じているのは『フルメタル・ジャケット』でハートマン軍曹に「微笑みデブ」と罵られる、レナード訓練生で知られるヴィンセント・ドノフリオ。

★10 ドクター・ドゥーム
世界征服のために、凶悪な兵器を作り続けるマッドサイエンティ

裏社会を仕切るキングピン[★9]。または、ファンタスティック・フォーの永遠のライバルであるドクター・ドゥーム[★10]にいたっては、テロリストの行いの非道さに涙まで流している。世界征服のためならどんな非道でもやってのける普段のドゥームを考えれば、これはキャラクターの逸脱も甚だしいといわざるをえない。が、そうしてスーパーヒーローたちはおろか、コミックの悪役さえもが泣いてみせるしかなかった。

9・11同時多発テロとは、つまりファンタジーが（考えてみればスーパーヒーロー・コミックは絵空事の最たるものだ）、現実社会の出来事に敗北した事件ともいえた。

その後、映画化された『スパイダーマン』[★11]（02年）では、ニューヨークの住民たちが主人公と連帯して街を守るために立ち上がる、という場面が描かれている。これはコミックの世界において、一度は敗北せざるをえなかったヒーローの意味性を、映画というメディアで回復する試みであったはずだ。

スーパーヒーローたちが、上空から来襲する外敵の群れと戦って勝利する『アベンジャーズ』においては、同時多発テロの記憶に理想的な結末を書き加えたい、という意志が働いていたのではないか。もちろんこれは仮説に過ぎず、ジョス・ウェドンとマーベル・スタジオズが何を考えていたのかは知るよしもない。が、ニューヨークを襲う破壊のなかで、絶え間なく戦い、戦火に巻き込まれた市民たちを必死で助けるアベンジャーたちの姿を見るたびに、思わずそんなことを考えてしまう。

スト。スタン・リーは自身が創造したヴィランのなかで、最も気に入っているキャラクターだと語っている。

★11　『スパイダーマン』
2002年・米／監督：サム・ライミ／脚本：デヴィッド・コープ／出演：トビー・マグワイア、ウィレム・デフォー、キルスティン・ダンスト。スパイダーマンのオリジンと、グリーン・ゴブリンとの闘いを描く。アニメ映画『スパイダーマン：スパイダーバース』のピーター・パーカーは、本作の設定を踏襲している。

PHASE 2

2013-2015

アイアンマン3
IRON MAN 3

マイティ・ソー/ダーク・ワールド
THOR: THE DARK WORLD

キャプテン・アメリカ/ウィンター・ソルジャー
CAPTAIN AMERICA: THE WINTER SOLDIER

ガーディアンズ・オブ・ギャラクシー
GUARDIANS OF THE GALAXY

アベンジャーズ/エイジ・オブ・ウルトロン
AVENGERS: AGE OF ULTRON

アントマン
ANT-MAN

アイアンマン3

アメリカのヒーローとPTSD

トラブルまみれのスタークの人生

アイアンマンことトニー・スタークは、MCUを牽引《けんいん》してきた存在だ。億万長者で天才科学者、遊び人で慈善家というこの男は、マーベル・スタジオズ謹製映画第1作の主演を飾ると同時に、その後に続く作品群のトーンを決定づけた。

人間的な欠陥を抱えながら、不真面目とも捉えられかねない明るさと不遜《ふそん》さを、常に絶やさない。生きるか死ぬかの状況に追い込まれても、「ヒーローであることをあきらめない」という姿勢。なおかつどのようなピンチに追い詰められても、軽口を叩くことをやめない。そうしたどこか気楽な態度が、少なくとも初期〜中期マーベル映画におけるヒーローたちの行動規範になっていたことは間違いない。

しかし、スタークその人の人生は、よくよく考えれば間違っても順風満帆なものとはいえない。そもそも人を人とも思わない億万長者の天才実業家として調子に乗り倒していたところ、セールス先の中東で放っておけば死ぬしかない重傷を負い、自らにアイアンマンの力の源たる

【作品情報】

2013年／監督：シェーン・ブラック／出演：ロバート・ダウニー・Jr.、グウィネス・パルトロー、ドン・チードル、ガイ・ピアース、レベッカ・ホール、ステファニー・ショスタク、ジェームズ・バッジ・デール、ジョン・ファヴロー、ベン・キングズレー

アーク・リアクターを移植することで、九死に一生を得た（第1部）。

それが、続篇『アイアンマン2』にいたり、まさにそのリアクターのせいで健康面に重大な問題を抱えることになる。さらには満足に親子関係も築くことのできなかった父親から続く因縁によって、思わぬ方面から恨みを買い、病身を押して戦うことを余儀なくされる。その過程で亡き父親との和解を何とか果たし、これでようやくヒーローとしてひと皮剥けた……。

と思いきや、並みいるマーベル・スーパーヒーローたちと合流を果たした『アベンジャーズ』で、また新たな問題が持ち上がる。完全なる個人主義を突き進んできたトニー・スタークの天才であるがゆえに、人の気持ちがまるでわからない。全世界を襲った未曾有《みぞう》の危機を前にして、ついに始動したアベンジャーズ計画だが、一度はその中核メンバーと目されたこの男には、他の誰よりも協調性がないという、チームプレイヤーとして致命的な欠陥があった。『アベンジャーズ』はこのスタークに代表されるスーパーヒーローたちが、いちいち衝突して泥仕合を繰り広げる経緯を描いた。その過程があったからこそ、クライマックスでとうとうチームが一枚岩になった瞬間には、途轍《とてつ》もないカタルシスを覚えたことだ。全篇のクライマックスでは、異星人チタウリの軍勢による地球侵攻を食い止めるため、アイアンマンは核ミサイルを背負い、ニューヨーク上空に姿を現した巨大なポータルに突入する。利己主義の塊であったスタークが、とうとう全人類のために自己犠牲を決意した、その行いによって世界は救われたのだ。これでトニー・スターク＝アイアンマンも、いよいよヒーローとして完成したかに思われた。

アイアンマン・アーマー依存症

だが、人生はそう甘いものではない。スタークは物事を感覚で捉えて理解するタイプの人物ではない。理屈で割り切れないことには納得できないのだ。侵略宇宙人の大艦隊が、今にも地球に襲いかかろうとしている。これまで物事すべてを、頭のなかで合理的にプロセスしてきたスタークにとって、そんな光景がまるで理屈づけることができないものであったことは間違いない。ようやく真の人間性に目覚めたはずの天才トニー・スタークは、この事件を契機に類《たぐ》い稀《まれ》なる頭脳に思わず変調をきたしてしまう。

自分の理解を超えた、まさに超現実的な存在が地球の平和を脅かしている。70年間氷漬けで最近蘇った超人兵士や、興奮すると得体の知れない怪物に変身する科学者、またはそもそも異世界からやってきた神。アベンジャーズの構成員には、それぞれ常軌を逸した者たちが顔を揃える。あとは人間性を捨てたようなスーパー・スパイしかいない。途方もない財力や、常人離れした頭脳を別にすれば（といいつつ、それら自体が超能力といって間違いないのだが）、肉体や精神はほぼ常人並みといっていいスタークは、頑強なアイアンマンの装甲を剥ぎ取れば、結局のところはただの人間でしかないのだ。

ニューヨークの上空で垣間見た未曾有の脅威にうなされるスターク。『アイアンマン3』は、そこから始まる。天才は天才なりに思い悩み、押し寄せる不安に何とか対抗するため、夜な夜なアイアンマン・バリエーションの量産に没頭する。『アベンジャーズ』では、まだマークⅦ、第7号機を数えるのみであったアーマーは（映画3本で7種類だから、それでも多すぎるほどだが）、『アイアンマン3』冒頭の時点ですでにマーク42★1にまで到達している。つまり毎夜寝るに寝られず、スタークは30数体のアイアンマン・アーマーをひとりで作り続けていたのだ。しかも、それぞれには深海や超高度、または宇宙空間対応、潜入作戦に土木作業、人命救助などなど、ありとあらゆる状況を想定した機能が別々に付与されている。

いずれやってくる核戦争に備えてシェルターを作り、そこに数十年ぶんの食料や生活用品をひたすら備蓄する人たちが現実にいる。ドゥームズデイ・プレッパー（Prep＝準備）と呼ばれる彼らだが、そうして備えることで最終戦争を生き延びられるかは誰にもわからない。それでも毎日毎晩、尋常でない量の缶詰を買い込み、または食料を瓶詰にし続ける。傍目にはどうにも不合理な行動としてしか映らないとしても、何しろボンヤリとした恐怖に対処するためにはそれしかないのだ。

トニー・スタークの場合は缶詰や瓶詰ではなく、滅多やたらにアイアンマン・バリエーションを量産して溜め込んでいたということになる。これはなかなか、今までのスーパーヒーロー映画では観たことのなかった状況ではある。

★1 マーク42
後の『インフィニティ・ウォー』では、ついにマーク50まで到達。リークによると『エンドゲーム』では、また一気に進んでマーク85が登場するという。

3部作の完結篇でも成長できない？

『アイアンマン2』の製作過程で、マーベル・スタジオズとの仕事に限界を感じ、ジョン・ファヴローはシリーズの監督を降板。本作から監督業を引き継いだシェーン・ブラックは当初、トニー・スタークのアルコール依存を映画で描こうとしていた。これは、1979年に原作シリーズで「Demon in a Bottle（ボトルのなかの悪魔）」として語られた重要なエピソードに基づくアイディアだった。『ジ・インヴィンシブル・アイアンマン』誌120号から128号まで続いた挿話のなかで、スタークはヒーロー稼業の行き詰まりから酒に溺れ、執事ジャーヴィス★2との関係に亀裂を生じさせる（かつてジョン・ファヴローも、『アイアンマン2』でアルコール問題を取り扱おうと試みている。ファヴローによれば、酒への依存もまた、トニー・スタークというキャラクターの重要な要素なのだという）。

ところが、マーベル・スタジオズ側からの承認が得られず、この案はお蔵入りになる。酒で身を持ち崩すヒーローという挿話は、爆発的な大ヒットを義務づけられたPG-13★3指定の映画で扱うには、いかにも生々しすぎた。そこで、ブラックと脚本家ドリュー・ピアース★4は一計を案じ、不安に追い詰められたスタークが依存する対象を、アルコールからアイアンマン・アーマーへと変更したのだった。これが結果的には功を奏したといえる。あり余る金に物を言わせて、夜も寝ずに（寝られずに）装備を作り続ける狂気は、考えてみればアイアンマン以外では

★2 ジャーヴィス
原作のジャーヴィスは人間。MCUと世界観を同一にするドラマシリーズ『エージェント・カーター』では、ハワード・スタークの老執事として、コミックに非常に近いエドウィン・ジャーヴィスが登場している。

★3 PG-13
13歳未満の子どもが視聴する際には、保護者による注意が必要となる映画のレーティング。暴力、恐怖表現、ヌード、卑語などを含むが、あくまでマイルドであるというのがその基準。

★4 ドリュー・ピアース
スパンデックス製タイツ姿のスーパーヒーローが、街中をウロウロ歩きながら日常生活を送っている世界を舞台としたコメディドラマ『ノー・ヒロイックス』が人気を博し、マーベルから脚本の以来が舞い込む。当初のオファーは、『ランナウェイズ』というスーパーヒーローを親に持つ子どもたち

右が『The Invincible Iron Man』#128（“Demon in a Bottle”）の表紙。左は『Deadpool』#7の表紙で、デッドプールでのパロディ“Drinking Game”。アル中から抜け出したいトニーに、デッドプールが大量の酒を差し入れして…。

描きえないものだ。

しかし、それにしても何ということだろう。普通は映画シリーズも3本目となれば、そろそろ主人公の成長もストップ高となりそうなものだ。たとえば、『スター・ウォーズ』旧3部作の完結篇『ジェダイの帰還』を思い出してみたい。ルーク・スカイウォーカーは第2部で、自分の実の父親が仇敵《きゅうてき》ダース・ベイダーだと知らされ、さらには自らの右腕を切り落とされる絶体絶命のピンチを迎えていた。だが第3部の冒頭では、そうした苦境をすべて乗り越えて、もはや多少のことでは何ら揺るぎもしないような大人物然とした振る舞いを身につけていた。

普通、長篇映画を2本も踏まえれば、それぐらいの風格は身につけるものではないかと思う。3時間から4時間ぶんの苦悩や呻吟《しんぎん》を

を描いた、青春映画としての要素が強い、MCUとは無関係の企画だった。しかし『アベンジャーズ』の大成功により、さらにMCUシリーズを増強するために異なる企画に飛ばされることとなった。その『ランナウェイズ』は2017年、Huluでドラマ化が実現した。

経て、揺るぎないスーパーヒーローに成長を遂げた主人公が、それでも迎える最大の危機に対して、そこまでの蓄積を踏まえた貫禄を見せつけて最終的に勝利を手にする。それが3部作というものではないか。

しかし、トニー・スタークはここへきて、過去最高に精神的に追い詰められている。しかも主人公を責め苛《さいな》むのは、アイアンマンのアイデンティティを手に入れてからの問題だけではない。過去の人生で最高潮に調子に乗っていた時代の愚行までもが現在に蘇り、本人を追い詰める。

MCUでは、ヒーローに停滞はない

ここでストーリーを振り返ろう。映画は99年の大晦日から始まる。あるパーティで科学者のアルドリッチ・キリアン（ガイ・ピアース）から新技術の売り込みを受けたトニー・スタークは、生返事をして自分は若い植物学者のマヤ・ハンセン（レベッカ・ホール）と充実した一夜を過ごしていた。キリアンは真冬の吹きさらしに放置され、かつて崇拝していたスタークに対する失望感を募らせる。

それからときが経ち、スタークがくだんのPTSDに悩まされている現在。アメリカ国内では、かつてスタークを拉致《らち》したテロ組織、テン・リングスによる爆破テロが相次いで起こっていた。組織はいずれの現場にもいっさい手がかりを残さず、その指導者マンダリン（ベン・キングズレー）が、公共の電波を乗っ取っては犯行声明を垂れ流す。一方そのころ、科学者として成功したキリアンが、人間の身体能力を爆発的に向上させる新技術を持ってペッパー・ポッツのもとを訪れる。不審なものを感じたハッピー・ホーガンはキリアンのあとを追うが、その先で爆破テロに巻き込まれて半死半生の重傷を受けてしまう。

盟友ホーガンが昏睡状態に陥ったことで、トニー・スタークは激昂、その裏では自身への恨みをバネにキリアンが暗躍していることも知らずに、テレビカメラを通じてマリブの自宅住所を告げ、マンダリンに宣戦布告。と、案の定邸宅は襲撃を受けて爆破され、スタークはアイアンマン・アーマーを着て何とか脱出には成功するものの、やがて遠く離れたテネシーの田舎町に墜落。機能不全に陥ったアーマーを引きずり、雪のなかをさまようことになる。

まさに踏んだり蹴ったりの状況で、にもかかわらずアイアンマン業を引退することなど露ほども考えないあたりは、非常に頼もしい。『アイアンマン』シリーズだけでなく、実はこれまでのマーベル・スタジオズの映画に特徴的なことがある。ヒーローたちがユニフォームを脱ぎ、一般人に戻る……という決定的な描写がどこにも見られないのだ（『シビル・ウォー／キャプテン・アメリカ』で、ホークアイことクリント・バートンが引退した、と語られるあたりが唯一の例外だろうか。ただ、これにしてもセリフだけのことで、なおかつ本人は劇中ですぐにヒーロー姿で戦線復帰してくる）。

ＭＣＵに停滞はない。スーパーヒーローたちは悩み苦しみ、それぞれの葛藤を抱えるが、だからといって普通の生活に戻ることは……作劇上……許されていないのだ。

しかし、豪邸も木端微塵《こっぱみじん》に爆破され、ど田舎に燃料切れで放り出されて、もはや打つ手なしという状況に、スタークが追い込まれていることは間違いない。

シェーン・ブラックの刻印

第3部の監督に就任したシェーン・ブラック。2005年の監督デビュー作『キスキス、バンバン』の縁もあって、ダウニー・Jr.が推したという。蓋を開けてみれば、『アイアンマン3』はどこからどう見ても、「いつもの」ブラック映画に仕上がっていた。

女房や恋人に愛想を尽かされた中年男。仕事もうまくいかず、何もいいことがない。酒や煙草（または今回の場合、アイアンマン・アーマー作り）といった何かに逃避して、人生の根本的な問題から目を背け続ける。そんな男が事件に巻き込まれ、こっぴどく痛めつけられて、ヤレヤレと文句を言いながら、何とか底辺から這い上がっていく。

脚本と製作総指揮を務めたブルース・ウィリス主演の『ラスト・ボーイスカウト』★5（91年）しかり、ライアン・ゴズリングとラッセル・クロウがいずれ劣らぬ負け犬に扮《ふん》した監督作『ナイスガイズ！』★6（16年）しかり、ブラックはこうしておおむね同じ物語を作り続けている。

賢いが世間との折り合いは悪い子どもとの関わりが描かれる点も、毎度共通している。これら少年少女は、主人公のあり様に溜息をつきつつも、決して彼らを見捨てることはない。この

★5 『ラスト・ボーイスカウト』
1991年・米／監督：トニー・スコット／脚本：シェーン・ブラック／出演：ブルース・ウィリス、デイモン・ウェイアンズ。大統領のシークレット・サービスだったにもかかわらず、いろいろあってクビになり、やさぐれ私立探偵になったブルース・ウィルス演じる主人公が、人生の底から立ち上がる物語。

★6 『ナイスガイズ！』
2016年・米／監督：シェーン・ブラック／脚本：シェーン・ブラック、アンソニー・バガロッツィ／出演：ラッセル・クロウ、ライアン・ゴズリング。ラッセル・クロウ演じる妻に浮気されて逃げられた男と、ライアン・ゴズリング演じるシングルファザーで酒浸りの男が、人生の底から立ち上がる物語。

関係が、いつも男たちが再起するきっかけとなっていく。またはクライマックスに向かうにつれ、主人公があちこちに生傷を負い、血だらけの酷い姿になっていくあたりも、ブラック作品にはおなじみの展開だ。『ザ・プレデター』★7（18年）もそんな話だった。

マーベル映画でありつつ、明確なシェーン・ブラックの映画である『アイアンマン3』。本作の時点では特に、個々の作り手の作家性よりも、フランチャイズとしての整合性を重要視していたマーベル・スタジオズ作品には、極めて珍しいことだ。

とはいえ、ブラックの仕事もまったくの順風満帆とはいかなかった。完成作品ではガイ・ピアースが最後の大ボス役を務めるが、このポジションはもともとレベッカ・ホール演じるマヤ・ハンセンに割り振られていた。ところが脚本段階で、彼女の役回りは大幅に縮小。キリアンに利用された末に殺され、物語から退場させられることになってしまった。これは当時のマーベル・スタジオズCEO、アイザック・パールムッターの指示による変更といわれている。女性ヴィラン（悪役）の玩具は売れないから、というのがその理由だった。

「トニー・スターク」ではなく「私はアイアンマン」

戦いのなかで自らの過去と向き合い、そしてアイアンマン・アーマー依存をも克服することに成功したトニー・スターク。心臓近くに埋まった爆弾の破片を手術で除去、もう必要のなくなった胸のアーク・リアクターを海に投げ捨てる。豪邸やアーマーを取り上げられようと、ひ

★7 『ザ・プレデター』
2018年・米／監督：シェーン・ブラック／脚本：シェーン・ブラック、フレッド・デッカー／出演：ボイド・ホルブルック、トレヴァンテ・ローズ。戦場の体験でPTSDを抱えた（その結果、行き過ぎなほど頭のネジが外れた）軍人たちが、人生の底から立ち上がり、プレデターに挑む物語。

とつだけ誰にも奪えない事実がある。それは、トニー・スタークがアイアンマンであるということだ。

「私はアイアンマン」というスタークの独白とともに映画はその幕を閉じる。この最後のセリフは、脚本上には「私はトニー・スターク」と書かれていた。第1部との符合を見せて3部作は完結するはずだったが、それはアイアンマン物語の完全なる終焉を意味することになる。「私はトニー・スターク」をスタジオ側が許すはずもなく、セリフは前述のように書き換えられた。

アイアンマンの冒険はこのあとも果てしなく続くからだ。ただ、「私」が示すものがアイアンマンであろうとスタークであろうと、実のところその意味合いは変わらない。テクノロジーがヒーローを作るのではない。自らの信じた道を行く意志がある限り、良きにつけ悪しきにつけ、トニー・スタークはいつまでもアイアンマンなのだ。

スタジオ側と作り手側と、それぞれの思惑を超えて、思いがけず非常に感動的なエンディングを迎えることになった『アイアンマン3』。ブライアン・タイラーの書いた景気のいいテーマ曲に乗って、全3部作のいいところがモンタージュに映し出されるエンド・クレジットは、何度も何度も見返したくなる。これでスターク＝アイアンマンの旅路に、ようやくひとつの区切りがついたのだ。

とは思ってみたものの、実のところトニー・スタークはこのあともさらに多くの映画に登場し、またそのたびにもっと大きな問題を物語上に持ち込むことになるのであった。まったくひと筋縄ではいかないスーパーヒーローだといわざるをえないが、詳しいことはまた別の項でお話ししたい。

マイティ・ソー／ダーク・ワールド

宇宙規模のボンヤリ超大作

確かに超大作ではあるものの

『マイティ・ソー／ダーク・ワールド』は、どこか印象の薄い作品だ。天界と地球の田舎町という両極端の舞台を行ったり来たりした前作に比べれば、劇中に描かれる世界は明らかにそのスケールを増して、いよいよ超大作と呼ぶべき構えを手に入れてはいる。第1部に登場した魅力的なキャラクターも再度顔を揃え、最高潮にテンションが上がってもおかしくはない。それでも今、本作について語ろうとすると思わず言葉に窮してしまう。

『アベンジャーズ』で受けたトニー・スタークのPTSD問題を除いては、マーベル映画世界との連続性をほぼ無視して、主人公の物語にフォーカスを絞った『アイアンマン3』。または本作『ダーク・ワールド』の後、スーパー国防組織S.H.I.E.L.D.の崩壊を描き、MCUの決定的な変容を見せた『キャプテン・アメリカ／ウィンター・ソルジャー』。雷神ソーの新たな物語はそのいずれとも異なり、あくまでMCUの枠内で粛々と展開する保守的な作品になった。

アベンジャーズの一員としてニューヨーク決戦に身を投じてから1年、故郷アスガルドのた

【作品情報】

2013年／監督：アラン・テイラー／出演：クリス・ヘムズワース、ナタリー・ポートマン、トム・ヒドルストン、アンソニー・ホプキンス、ステラン・スカルスガルド、クリストファー・エクルストン、アドウェール・アキノエ＝アグバエ

めに戦い続けるソー。父オーディンもそろそろ家督を譲ることを考えるなか、アスガルドを含む9つの世界に新たな危機が迫る。遠い昔にオーディンの父ボルが倒した、ダークエルフ★1のマレキス★2が復活。全宇宙を葬り去る力を持った暗黒物質、エーテル★3を求めて動き始めたのだ。

一方そのころ、ミッドガルドこと地球では、ジェーン・フォスターがこのエーテルに接触。この暗黒物質を体内に取り込んでしまう。地球にあっては死を待つのみとなったジェーンを、アスガルドに連れ帰るソー。しかし、ミッドガルドを野蛮な未開の地としてしか捉えないオーディンには、取り付く島がなかった。ソーの苦悩をよそに、マレキスがダークエルフの一大軍勢を率いて急襲。アスガルドは瞬く間に崩壊寸前に追い詰められる。

こうして物語の大枠だけを見れば、本作が『マイティ・ソー』の物語を大きく展開させようとしていることがわかる。ヒーローたちがそれぞれに危機を迎えるMCUフェイズ2にあって、雷神ソーもアスガルドも無事ではいられない。そんな前提は理解ができる。しかしどうにも乗り切れないまま、上映時間だけがいたずらに過ぎていってしまう。

「魅力のないヴィラン」というMCUの弱点

『ダーク・ワールド』を改めて観なおしてみると、ここではマーベル・スタジオズ作品が長らく抱える弱点が突出して現れて、作品自体の魅力を大きく削いでいることに気づく。

それは悪役の問題だ。少なくとも本作までに登場したMCUのヴィランたちは、おおむね書

★1　ダークエルフ
スヴァルトアルフヘイムに住む、アスガルド人の宿敵。『ガーディアンズ・オブ・ギャラクシー』のコレクターが登場するシーンで、〝収集品〟として檻のなかに入れられているダークエルフが映っている。

★2　マレキス
スヴァルトアルフヘイムのダークエルフたちの支配者。強力な魔術師であり、超自然的な力を宿した狼の群れを操ることができる。

★3　エーテル
サノスに奪われることとなるインフィニティ・ストーンのひとつで、リアリティ・ストーンと同じもの。ジェーンが取り込まれるときのような液状の形態をエーテルと呼び、石の形をしていればリアリティ・ストーンとMCUのなかでは使い分けられている。

き割りの大道具のようなキャラクターばかりだった。誰しも何かしらの力を求めて主人公の前に立ちはだかり、特に強烈な個性を発揮することのないまま暴れたあげくに、映画の終盤に用意された大立ち回りに敗れて退場してしまう。キャラクターとしての魅力を例外的に発揮していたといえるのは、邪神ロキぐらいのもので、あとはいくらでも取り換えが可能な存在ばかりであったというほかない（しかし、毎度凡庸な悪役を用意しながら、それでもスーパーヒーローの物語を間違いなく楽しめるものとして常に成立させているところに、マーベル・スタジオズの特殊性があるとはいえる）。

ヴィランに求められるのは、共感できる人格や納得できる思想的背景ではない。そうした要素を備えた悪役もまた例外的に登場するが、それよりも重要なのは、まず圧倒的に凶悪で気の狂ったキャラクター性を示すことだ。

たとえばキャプテン・アメリカの仇敵レッド・スカルなどは、原作では知略謀略に長けつつ、当然いっさいのモラルを持たない悪魔のような男として描かれてきた。少年時代のスカルに会ったアドルフ・ヒトラーが、その目に宿る怨嗟《えんさ》のあまりの深さに思わず恐怖を抱いたという逸話を考えるほどに、この大悪役が『ザ・ファースト・アベンジャー』で使い捨てられてしまったことが惜しまれてならない（『インフィニティ・ウォー』で、まさかのカメオ出演を果たしてはいたが）。

『ダーク・ワールド』に話を戻せば、本作のヴィランことマレキスは、その凡庸さにおいて

MCUの頂点に位置しうる存在だ。さしたる人格も描かれなければ、強大な力を求める動機も語られず、その能力についても漠然としている。分厚い特殊メイクを施され、さらに異星人の言葉をしゃべらせられたにもかかわらず、ここまで印象に残らない悪役を演じる結果になったイギリスの性格俳優、クリストファー・エクルストンがどうにも気の毒になってしまう。

キャラクターで保たせた映画

ここまで文句を書き連ねたからといって、本作がまったく褒められない映画かといえば、決してそういうわけではない。特にダークエルフの猛攻に追い詰められ、いよいよ進退窮まったソーが、義弟ロキを終身刑から解き放つ中盤以降には、思いがけない楽しみがある。互いをいっさい信頼していない義兄弟同士が、軽口を叩きあい、嫌々ながら共闘する様子には思わず頬が緩んでしまう。

『マイティ・ソー』と『アベンジャーズ』の2作でヴィランとしての役割を終え、今はトリックスターとして楽しげに泳ぎ回るロキ。母フリッガの死（レネ・ルッソはほとんど何もしないまま死んでしまった）については、どうやら本当に悲しんでいたりするし、マレキスとの戦いのなかでは兄を庇《かば》って命を落としたりもするが、その言葉や行動にどれほどの真実があるのかは誰にもわからない。観客は主人公と一緒になって、ロキの虚実の曖昧さに振り回されるしかないが、それがいたずら好きなこのキャラクターの本質であり、魅力なのだ。

ロキの活躍に加えて言うまでもなく、ソーを演じるヘムズワースの明るく素朴な可愛げも健在だ。それに、『アベンジャーズ』ではロキに洗脳されて酷い目にあったエリック・セルヴィグ博士、ジェーン・フォスターの親友ダーシーら、前作で主人公と親交を深めた地球側の登場人物たちが、今回も登場する。コメディ・リリーフの彼らにまた会えるのは嬉しいことだ。前作で確立されたキャラクターが引き続き魅力を発揮することで、『ダーク・ワールド』は印象に残りづらい物語を何とか見せ切っている。

幻となった『ソー2』

そんな本作にも、あるいはまったく異なった映画になっていた可能性があった。ケネス・ブラナーがスケジュールの問題とも、方向性の違いの問題とも噂される理由で早々にオファーを断ったあと、第2部のオファーを受けたのはパティ・ジェンキンス。シャーリーズ・セロンが実在の殺人犯を演じた『モンスター』★4（03年）で注目を集め、その後17年に『ワンダーウーマン』★5を大ヒットさせることになる監督だ。

ジェンキンスがマーベル・スタジオズに提案したのは、宇宙をまたいだ『ロミオとジュリエット』とでも呼ぶべき物語だったという。地球のジェーンとアスガルドのソー。地球には危機が迫るが、ソーはジェーン・フォスターを救いに行くことができない。オーディンにとってみれば、地球＝ミッドガルドは取るに足らない未開の地で、いずれアスガルドの王として9つ

★4 『モンスター』
2003年・米／監督・脚本：パティ・ジェンキンス／出演：シャーリーズ・セロン、クリスティーナ・リッチ。1989年から1990年にかけて7人の男を殺害した娼婦、アイリーン・ウォーノスの伝記映画。アイリーンは、リドリー・スコット監督作『テルマ&ルイーズ』のモデルでもある。

★5 『ワンダーウーマン』
2017年・米／監督：パティ・ジェンキンス／脚本：アラン・ハインバーグ／出演：ガル・ガドット、クリス・パイン。DCコミックス、というよりも、すべてのコミックのなかで最も有名な女性ヒーローの初の実写映画。女性監督作品および女性が主役のアクション映画として、初週・累計収入ともに歴代1位となった。

の世界を治めるソーが、かまけていてよい問題ではないのだ（このオーディンの態度だけは完成作品に引き継がれている）。

ケネス・ブラナーのあとを引き継いだ続篇が、シェイクスピア調になるのは理解できる。だが、ジェンキンスの提案した引き裂かれた男女のドラマは、マーベル側の求めるものではなかった。こうしてパティ・ジェンキンスは、『ダーク・ワールド』にほんの2か月ほど関わり、スタジオとの方向性の違いを理由にプロジェクトから去った。

よりストレートなコミック・ヒーローの冒険譚を求めたマーベル・スタジオズの論点も、決して理解できないものではない。『マイティ・ソー』第1部でケネス・ブラナーに求められたのは、あくまでシェイクスピア劇を演出してきたからこそ出しうる「風味」であって、何もシェイクスピアとマーベル・コミックスの合わせ技ではなかった。

ここでもう一度、アン・リーの『ハルク』を思い出してみたい。製作当時のリーは、この緑の巨人が大暴れする映画を「これは現代に蘇ったギリシャ悲劇だ」と公言、またそのようなものとして作品を演出した。確かにそうした解釈もできなくはない。過酷な運命に翻弄される主人公、男女の悲恋、父と子の相克。原作にもともと存在する要素を拾い上げ、それぞれを大真面目にブローアップすれば、いかにも大仰でシリアスな神話的スケールの作品が出来上がる（かもしれない）。

けれども観客の観たかったものは、超人ハルクが縦横無尽に破壊の限りを尽くす一大アクションであって、大いなる悩みを抱えた男が、映画の開始から1時間近く呻吟《しんぎん》する（そしていつまでも大巨人に変身しない）、辛気臭いドラマではなかったはずだ。かつてケヴィン・ファイギがいみじくも言ったように、コミック映画の成功の鍵はコミックそのもののなかにある。シェイクスピアであれギリシャ悲劇であれ、そうした既存のジャンルの威光を借りなくとも、コミックをそのまま映画にすればいい。その理念があったからこそ、ジェンキンスとの「方向性の違い」が生じたのではないか。そう思えてならない。

その後1か月ほど経って、『ダーク・ワールド』の監督にはアラン・テイラーが就任した。テイラーはテレビシリーズ『ザ・ソプラノズ』（99〜07年）や『マッドメン』（07〜15年）などで活躍してきた監督で、特に『ゲーム・オブ・スローンズ』★6（11年〜）で見せた手腕を買われて本作への指名を受けた。現場での撮影はスムーズに進んだが、ポスト・プロダクション段階でスタジオ側からの注文が相次いだといい、テイラーはマーベル・スタジオズとの仕事を大きな苦痛がともなう経験だったと振り返っている。

作品に関わった多くの人々の心に、大小の傷を残した『ダーク・ワールド』。パティ・ジェンキンスの監督就任を後押ししたナタリー・ポートマンは、監督交代劇のあとでモチベーションを失い、本作を最後にフランチャイズを去った。主演のヘムズワース自身、雑誌『GQ』のインタビューに、「最初の『ソー』はよかった。でも2作目は微妙だ……クラシックな男らし

★6 『ゲーム・オブ・スローンズ』
2011年よりHBOで放送されているファンタジードラマ。IMDBの集計では、放送開始から7年連続、最も観られているドラマ1位を記録する大ヒット。『ダークワールド』監督のアラン・テイラーは、ソーに『スローンズ』的要素を盛り込んだと公言している。またビジュアル面でも、MCUのコンセプト・アーティストであるアンディー・パクは、『スローンズ』にインスパイアされたと記している。

いキャラクターが、何だか急に使い古されたものになってしまった」と答えている。

雷神ソーはこのあと、『アベンジャーズ／エイジ・オブ・ウルトロン』で再登場して変わらぬ可愛げを見せている。しかし、この単純明快なだけに複雑な物語を描くには難しいキャラクターが真の魅力を爆発させるまでには、『ダーク・ワールド』から4年後の『マイティ・ソー』シリーズ第3部を待たなければならない。

キャプテン・アメリカ／ウィンター・ソルジャー

国家の論理／理想の正義、その狭間でゆれる

またの名を「自由の守護者」

これまでのマーベル映画を観てきたものであれば誰でもわかるように、キャプテン・アメリカは、そのコードネームと星条旗柄の衣装とは相反して、単純な愛国ヒーローではない。スティーブ・ロジャースが信じているのは、40年代アメリカの理想主義であって、アメリカそのものではないのだ。だからキャプテン・アメリカは、その別名を「センチネル・オブ・リバティ」、自由の守護者という。

第二次世界大戦の時点、つまり超人兵士キャプテン・アメリカが誕生した時点で、人種差別が公然と行われていたアメリカが本当に「自由の国」であったか否かについては、大いに議論の余地があるだろう。だが、ひとりの兵士にとっては、当時の世界もその価値観も、少なくとも今のそれよりは単純なものではあった。

原作コミックのスティーブ・ロジャースが、戦いのさなかに姿を消したのは１９４５年。仮死状態から目覚めたのは64年のことだから、世間から姿を消していたのは、19年間ということ

【作品情報】

2014年／監督:アンソニー・ルッソ、ジョー・ルッソ／出演:クリス・エヴァンス、スカーレット・ヨハンソン、セバスチャン・スタン、アンソニー・マッキー、エミリー・ヴァンキャンプ、ロバート・レッドフォード、サミュエル・L・ジャクソン

になる。20年弱の不在であっても、その間の祖国の変容は、かつてのキャプテン・アメリカを悩ませるに十分なものだった。

それに対して、映画版のロジャースが北極海の底で眠りについていた期間は、実に66年間。映画の世界のキャプテン・アメリカは、ベトナム戦争も、公民権運動も、湾岸戦争も、同時多発テロも知らない。変化は大きすぎるほどに大きい。さらにマーベル・ユニバースには、これら現実社会の事件に加えて、外宇宙からの侵略までもが起こっている。人々はより大きな脅威にさらされ、体制側は市民の犠牲を厭わず、社会の管理をより強固なものにしようとする。センチネル・オブ・リバティが理想の通りに生きるには、明らかに困難な時代がその姿を現している。

軍人としてのロジャース

66年間の空白に戸惑うキャプテン・アメリカ。日課である朝のランニング中に出会った軍人、サム・ウィルソン（アンソニー・マッキー）から、70年代の音楽について話を聞く。マーヴィン・ゲイの『トラブル・マン』は、現代の観客にとってはずいぶん古い歌だが、スティーブ・ロジャースにとっては、聞いたこともない新曲だ。いつでも持ち歩いている小さなメモ帳に、「トラブル・マン」とメモを取るロジャース。他には「月面着陸」「ベルリンの壁（建設と撤去）」「タイ料理」「『スター・ウォーズ』『スター・トレック』」「『ロッキー』（『ロッキー2』

も?・)」と、自身の不在中に世界に起こった重要な出来事が並ぶ。

余談だが、このキャップの備忘録には、映画が公開された国ごとに少しずつ変更が加えられていた。たとえばロシア版では「ソ連解体（1991年）」、韓国版では「『オールド・ボーイ』」、フランス版では「ダフト・パンク」などなど。どこからどう見てもアメリカ的なものの象徴でしかないキャプテン・アメリカというキャラクターを、何としてでも世界の誰もが共感しうるキャラクターとして描こうという熱意が見えて、思わず変に感動してしまう。


そうした現代社会へのキャッチアップと並行して、軍人としての仕事も律儀にこなすロジャース。映画が始まるなり、S.H.I.E.L.D.のエージェントとして機密作戦に加わる。こうしたキャプテン・アメリカの日常から、『ウィンター・ソルジャー』は始まる。

前作とは打って変わって、そのファイトスタイルは現代戦仕様にアップデートされている。目覚めてからここまで、日々常に訓練を積んできたことが窺《うかが》い知れる場面だ。キャプテン・アメリカは、スーパーヒーローである以前に職業軍人なのだ。

シールドを構えて敵地の最前線に突入するキャプテン・アメリカを援護するために、離れた場所には狙撃手が配置。キャスリン・ビグロー★1監督がウサーマ・ビン・ラーディン暗殺を描いた『ゼロ・ダーク・サーティ』（12年）にも出演していた俳優たちが顔を見せ、手抜きのない潜入作戦が展開する。同行したブラック・ウィドウも、アベンジャーズの一員としてより、

★1 キャスリン・ビグロー
イラクでの爆発物処理班の任務を描いた『ハート・ロッカー』で、史上初めて女性監督としてアカデミー監督賞を受賞した。この作品は主演がホークアイ役であるジェレミー・レナー、助演がファルコン役であるアンソニー・マッキーと、なかなかMCUと縁のあるキャスティングである。

S.H.I.E.L.D.エージェントとしての顔をしており、虫の息の敵を鉄パイプで容赦なく殴るなど、しっかり殺しにいく仕事師ぶりを見せる。

本作の監督、アンソニーとジョーのルッソ兄弟は、ゼロ年代の早くからテレビドラマを主戦場に活躍してきた。なかでも09年から続くコメディシリーズ『コミ・カレ!!』★2での仕事が高く評価され、『ウィンター・ソルジャー』への起用に繋がっている。兄弟は本作でもいくつかの印象に残るアクション・シークエンスと、それらを繋ぐドラマの演出の両面で、確かな手腕を見せている。

民衆を監視するインサイト計画

『アイアンマン3』におけるトニー・スタークほどではないにせよ、S.H.I.E.L.D.司令官のニック・フューリーも、『アベンジャーズ』のニューヨーク決戦以来、精神的にはなかなか追い詰められている。フューリーはロジャースに、「プロジェクト・インサイト」なる新たな安全保障計画についての秘密を明かす。S.H.I.E.L.D.が誇る空中巨大空母ヘリキャリア★3 3機と衛星をリンク、DNA情報から所在を特定したテロリストを、長距離機関砲を用いて上空から排除する……。早い話が、ヘリキャリアを超大規模な無人攻撃機《ドローン》として使うというものだ。

テロ対策とはいいながら、これは民衆を恐怖で支配することでしかない。もちろんキャプテン・アメリカとしてみれば、到底理解も許容もできる代物ではなかった。理想と現実との乖離《かいり》

★2 『コミ・カレ!!』
アメリカの2年制大学、コミュニティ・カレッジを舞台にしたコメディ。メタ的なギャグや、大量のポップカルチャー・パロディなどが特徴的で、近年はコメディ・アニメーションの『リック・アンド・モーティ』の原案でも知られるダン・ハーモンが、シリーズの原型を作った。

★3 ヘリキャリア
S.H.I.E.L.D.の主力航空空母。戦闘機など、さまざまな航空機を搭載し、大陸弾道ミサイルなどで武装されている。設計はスターク・インダストリーズが行っている。

が、ますます広がっていく。

60数年という空白の時間がロジャースにもたらしたのは、そうした価値観の変容だけではなかった。自らが生まれて生きた時代に触れるために博物館に行き、かつて愛し合ったペギー・カーターを訪ねる。彼女は年老いて、過去の記憶を失いつつある。かろうじて残ったロジャースの過去の縁《よすが》さえも、消えていく。

第二次大戦を背景にした前作『ザ・ファースト・アベンジャー』は、どこか牧歌的で、これはいうなれば人間の善性についての映画だった。スティーブ・ロジャースは祖国の正義を素朴に信じてキャプテン・アメリカとなり、それに対してアースキン博士やフィリップス大佐、それにペギー・カーターといった善良な人々が彼を支えた。

今作のキャプテン・アメリカは信じられる相手をどこにも見出すことのできないまま、国家のために尽くすことを強要される。常に威圧的で信用ならないものの、『アベンジャーズ』におけるニューヨークへの核攻撃には断固として反対してみせたニック・フューリーでさえ、今回はどこか弱気に見える。アベンジャーズの同僚として信頼できるはずのブラック・ウィドウにしても同じことで、今作の登場人物は誰しもモラルの曖昧な境界線を行ったり来たりしている。

彼らは現実は現実と、物事を割り切っているのだ。だが、キャプテン・アメリカはそうではない。70年近い空白がスティーブ・ロジャースにもたらしたものは、日常的・文化的な空白だけではない。無邪気に誰かを、ないし何かを信じることがもはやできなくなってしまった、という苦しみが、ここでは描かれている。

決して生き返ってはいけないキャラクター

しかしキャプテン・アメリカにとって、66年前との繋がりは完全に失われてしまったわけではなかった。消え去ったはずの過去、喪失したはずの友情が蘇り、21世紀に期せずして復活したヒーローを苦しめることになる。ニック・フューリーの生命を奪い、そして今ロジャースに迫る暗殺者、ウィンター・ソルジャー。観客にとっても主人公にとっても、どこかで見たことのある顔をしている。

ついこの間、劇的な死を遂げた人物が、ある程度の期間を経て蘇る。アメリカのヒーロー・コミックにおいては、決して珍しくもない光景だ。他でもないキャプテン・アメリカ自身が、原作の世界では何度か命を落とし、それでも何かしらの理由づけとともにシレッと戦線復帰を遂げている。MCUにおいても、『ガーディアンズ・オブ・ギャラクシー』のグルートや、本作におけるニック・フューリーが、劇的に死んだと思わせたすぐあとに蘇ってきている。

アメコミにおける「死」とは、それほどまでに信用ならない出来事だが、それでも何人かの登場人物だけは、何があっても蘇生してはいけないとされてきた。その数少ない例外こそが、『スパイダーマン』におけるベンおじさん、そしてキャプテン・アメリカの相棒、バッキー・

バーンズであった。いずれもスーパーヒーローの成り立ちに深く関わる人物だからこそ、簡単に生き返ってしまっては、その存立基盤を揺るがしかねない事態が起こる。だからこそ、このふたりに関してだけは、死んだら死にっぱなしだった。

だった、というのは05年のコミック『キャプテン・アメリカ Vol.5』において、何があっても生き返ってはいけない存在であったバッキーが、実は生きていた、という事実が語られたからだ。エド・ブルベイカー[★4]が原作を手がけたこのコミックでは、バッキー少年が冷戦中の旧ソ連の手に落ち、殺人マシーンに改造されていたという信じがたい事実が暴露され、読者の度肝を抜いた。

戦後の長い年月をほとんど冷凍睡眠で過ごし、暗殺任務のたびに蘇生させられ、仕事が終わればまた眠らされてきたウィンター・ソルジャー。自身の暗黒面ともいえる姿で蘇った旧友に、キャプテン・アメリカはひどく動揺しながら、その心の奥底に残っているはずの人間性に必死で呼びかける。こうした展開は映画でも忠実に再現されるが、劇中では過去と現在の巨大なギャップを何とか埋めようとするスティーブ・ロジャースが描かれるために、事態の切実さがより増している。

理想をあきらめないヒーローの姿

それにしても、キャプテン・アメリカを取り巻く状況は悪くなるばかりだ。劇中では国防組

★4　エド・ブルベイカー　マーベル、DCで多数執筆する傍ら、オリジナルのノワール風犯罪漫画を多数発表。2014年に発表した、PTSDを抱えたハリウッドの脚本家を主人公にしたノワール作品『The Fade Out』は、アメリカで最も権威のある漫画賞であるアイズナー賞を受賞した。

織S.H.I.E.L.D.が、ナチス・ドイツから派生したヒドラ党に、内部から完全に侵食されていることが判明する。ペギー・カーターやハワード・スタークらが創立に関わり、また超人兵士としての自分を作ったSSR（戦略科学予備軍）は、戦後にいたってS.H.I.E.L.D.に姿を変えた。スティーブ・ロジャースにとっては生まれ故郷にも等しい場所だといえる。その組織が、自分の戦った敵の手に落ちている。過去との接点がまた消えていく。

前作『ザ・ファースト・アベンジャー』にて、SSRがヒドラの科学者アーニム・ゾラ（トビー・ジョーンズ）を迎え入れたことから、組織の崩壊は少しずつ、しかし着実に進行してきた。ゾラはS.H.I.E.L.D.のなかに根を張ってヒドラの勢力を拡大、戦後のさまざまな紛争や事件の糸を引いてきたのだという。

そして今、その幹部であるアレクサンダー・ピアース（ロバート・レッドフォード）がS.H.I.E.L.D.長官の座に就き、ヒドラの組織掌握は完全なものとなった。『コンドル』★5（75年）でCIAの腐敗と戦うエージェントを演じ、『大統領の陰謀』★6（76年）でウォーターゲート事件の真相を追うジャーナリストを演じたレッドフォードが、今度は全体主義社会の完成を目論む巨悪の側に扮するというキャスティングが、また皮肉だ。

戦争のなかで超人兵士として作られ、その後突然現代に呼び覚まされて、なお戦い続けるスティーブ・ロジャース。しかしその故郷は消え去り、自分の信じた自由は失われつつある。たったひとり生き残った旧友は、ヒドラの尖兵ウィンター・ソルジャーとして自分の命を狙っ

★5 『コンドル』
1975年・米／監督：シドニー・ポラック／脚本：ロレンツォ・センプル・ジュニア、デヴィッド・レイフィール／出演：ロバート・レッドフォード、フェイ・ダナウェイ。CIAの下部組織である情報収集機関に勤める男、ターナー。ある日彼が勤めるオフィスが襲撃を受ける。ターナーはCIAに助けを求めるも、逆にCIAから命を狙われる……。アンソニーは、この作品の特に構成に影響を受けたとコメンタリーで語っている。

★6 『大統領の陰謀』
1976年・米／監督：アラン・J・パクラ／脚本：ウィリアム・ゴールドマン／出演：ダスティン・ホフマン、ロバート・レッドフォード。ウォーターゲート事件の裏にあった政府の陰謀に迫る新聞記者を描く。

ている。そればかりか全世界規模の大規模監視・暗殺システムが、今や敵の手に渡ってしまった。

『コンドル』や『マラソンマン』★7（75年）、『大統領の陰謀』といった70年代ポリティカルスリラーをアメコミ映画でやってみよう、さらにアクション演出に関してはマイケル・マンの『ヒート』★8（95年）をやってみようという、『キャプテン・アメリカ／ウィンター・ソルジャー』は、実のところそうした古今の映画の引用から成り立っている映画ではある。オリジナリティという観点で考えれば、手放しで褒められたことではないかもしれない。

とはいえ、そんな表層を超えて心を打たれるのは、本作が苦境に追い詰められても、常に不屈の闘志で戦うヒーローを描いているからだ。本音と建前を使い分けること、理想だけでは生きられないことを、どれだけ諭《さと》されたところで自分には理想しかないというその凄み、その覚悟が描かれているからこそ心に残る。表面的なスタイルや語り口を超えて、どうして『ウィンター・ソルジャー』という映画に、ここまで心を動かされるのか。

どれだけ裏切られて、嘘をつかれて、身も心も傷ついても、それでも理想を追うことをやめない主人公の姿勢。その点を愚直に描き切ったからこそ、本作がマーベル・スタジオズ作品のなかでも屈指の名作となりえたのではないかと思う。

★7『マラソンマン』
1976年・米／監督：ジョン・シュレシンジャー／脚本：ウィリアム・ゴールドマン／出演：ダスティン・ホフマン、ローレンス・オリヴィエ。元ナチス親衛隊の陰謀に、マラソン好きの大学院生が巻き込まれていく。

★8『ヒート』
1995年・米／監督・脚本：マイケル・マン／出演：アル・パチーノ、ロバート・デ・ニーロ。銀行強盗と、それを捜査する刑事を描く。ルッソ兄弟は本作について、「強盗シーンはオールタイム・ベストで好きだ。一人称視点での描き方をたいへん参考にした」と語っている。

「冬の兵士」とは何か?

ここで改めて『ウィンター・ソルジャー』というタイトルについて考えてみる。これはもちろん、今回キャプテン・アメリカの前に立ちはだかる因縁の暗殺者のことを指しているわけだが、実はそれだけではない。

「ウィンター・ソルジャー」、つまり冬の兵士。蘇ったバッキーにその名を与えたのは、05年に『キャプテン・アメリカ』誌の原作を手がけていた作家、エド・ブルベイカーだ。冷戦時代にソ連が作りだした殺人兵器の名前としてはしっくりくる名前だったが、その着想の根元にはトマス・ペイン[★9]の言葉があった。世界史の教科書にも出てくる18世紀アメリカの思想家・哲学者であるペインは、1776年に発表した小冊子「アメリカの危機」にこう書いている。

> 今こそ人間の魂にとって試練の時である。夏場だけの兵士や日の照る時だけの愛国者は、この危機に臨んで祖国への奉仕にしり込みするだろう。しかし今この時に踏みこたえる者は、男女を問わずすべての者から愛や感謝を受けるに値するのだ。
>
> （小松春雄訳『コモン・センス　他三篇』岩波文庫）

★9　トマス・ペイン
1737年にイギリスで生まれた啓蒙思想家、哲学者。1776年、アメリカ独立戦争の際に、イギリスによる植民地支配、そして君主制を批判し、アメリカに住む人々が独立を求めることがいかに正当な権利なのかを記した『コモン・センス』を発表。本書がアメリカの独立機運を高め、そして人々を勇気づけたことによって、同年7月4日「独立宣言」が採択されることになる。アメリカの精神を形作るうえで欠かせない人物のひとりであるものの、晩年はアメリカで奴隷制の批判、キリスト教的な人格のある神への批判を行ったことによって、ほぼすべてのアメリカ人の友人を失うことになった。

ブルベイカーにヒントを与えた歴史的事実が、もうひとつあった。71年に開かれた、ベトナム帰還兵の公聴会。彼らはここで、自身が戦地で何を目撃し、何を経験してきたのか証言して、ベトナム戦争に公然と反対し、米軍の戦争犯罪を告発した。トマス・ペインの言う「夏の兵士」が見せかけだけの愛国者だとすれば、厳しい寒さにも耐え、どれだけの逆境にあっても立ち上がる「冬の兵士」こそが本当の愛国者なのではないか。この証言者たちは、「ウィンター・ソルジャー」と呼ばれるようになった。この調査は全米のメディアを巻き込み、いずれ大きな運動となっていった。

自分たちは兵士として、それぞれが正しいと信じたことをした。しかし、実のところは、ベトナムという異国の地で、何の大義もない暴力を振るい、非人道的な行為を大規模に行っただけではなかったのか。そうした行為は世間から隠されて、自らは傷つくことさえない者たちが、その結果だけを祖国のどこかで享受している……。

兵士たちは加害の当事者として、戦争の実相を証言した。そのことを思い出すにつけ、映画のなかで腐敗した国家に立ち向かったキャプテン・アメリカも、またウィンター・ソルジャーのひとりであったのだと思う。

帰還兵たちが当事者として加害の事実に向き合い、戦地の実相を証言する動きは21世紀に入っても行われた。08年には「冬の兵士：イラクとアフガニスタン」と題した、同様の集会が開かれている。

現実とコミックとの符合

脚本家コンビも監督兄弟も、『ウィンター・ソルジャー』は、そこまで政治的な映画ではないと語っている。現代アメリカの抱える問題を題材として盛り込んではいるが、何もそれで現代社会に物申したいわけではないと。彼らはあくまで映画は映画であるとは言うけれども、とはいえ、今の社会に対するコメンタリーが、どうしても行間から漏れ出している。作り手が何を言おうが、これは間違いなく21世紀の今日だからこそ成立した映画だ。

宇宙人の軍勢がニューヨークのど真ん中を襲った、12年の『アベンジャーズ』。同作には否応なく、01年の同時多発テロを思わせるものがあった。予想外に襲ってきた脅威に対して、当時のニューヨークで暮らしていた人々はまったく無力だったけれども、少なくとも『アベンジャーズ』というフィクションのなかには、彼らを守るヒーローたちがいた。

それから2年経った『ウィンター・ソルジャー』は、対テロ戦争や相互監視社会といった国家的なパラノイアに対して、やはりフィクションの側からの返答を提示している。

現実の社会において、エドワード・スノーデン[★10]がＣＩＡとＮＳＡ（国家安全保障局）による全世界規模の監視計画に関する機密情報を暴露したのは、本作の製作中のことだった。映画のなかに登場する「インサイト計画」は、３機の空中巨大空母を使った超弩級《ちょうどきゅう》の監視・暗殺装置で、ビジュアル上は荒唐無稽なものには違いないが、本質的にはスノーデンがその存在を明

★10 エドワード・スノーデン　スノーデン事件については、2014年にドキュメンタリー映画『シチズンフォー』が、2016年にはジョセフ・ゴードン＝レヴィット主演で、オリバー・ストーン監督による『スノーデン』が公開されている。

らかにした監視網と同じものだ。キャプテン・アメリカが戦う、人間を恐怖で支配するシステムは、映画の外側にも確実に存在する。

スーパーヒーロー・コミックの実写化という、考えてみれば世の中で最も絵空事に近いジャンルが、実は今の世相を最も愚直に反映している（または反映せざるをえない）。コミック映画の側から、何も自分たちは現実逃避のファンタジーだけをやっているわけではないのだと言われている。いつもそんな気がしている。

ガーディアンズ・オブ・ギャラクシー

銀河、そして観客の心をも救う奇人変人

知名度の低いリサイクル・ヒーロー

２０１０年7月、毎年超大作映画のプロモーションや大型新作映画の製作発表が行われるサンディエゴ・コミック・コンベンションで、ケヴィン・ファイギがブチ上げた。今後は一般的な知名度の低いキャラクターも映画の世界で活躍させたい、と。その一環として名前が挙がったのが、『ガーディアンズ・オブ・ギャラクシー』だった。

ガーディアンズは今を去ること50年ほど前、１９６９年にマーベル・コミックスに初登場したスーパーヒーローのチームだ。種々雑多な宇宙人からなる一行は、それ以来さまざまなコミックに顔を出し、雷神ソーやキャプテン・アメリカとも共演してきた。90年に入ってようやく自前のタイトルが創刊。これが第62号で休刊となってから13年後、同タイトルは08年に大幅にリニューアルされる。メンバーを総入れ替え、舞台も30世紀の未来世界から、メインストリームのマーベル・ユニバースに変更。かくして堂々生まれ変わったチームだが、その構成員は先代と同じ時期か、あるいはそれ以上前から存在するキャラクターたちばかりだった。

【作品情報】

2014年／監督:ジェームズ・ガン／出演:クリス・プラット、ゾーイ・サルダナ、デイヴ・バウティスタ、(声)ブラッドリー・クーパー、(声)ヴィン・ディーゼル、マイケル・ルーカー、リー・ペイス、カレン・ギラン、グレン・クローズ

宇宙の警官スター・ロードことピーター・クイルが、マーベル世界に初めて顔を見せたのは76年。宇宙アライグマ、ロケット・ラクーンも同年夏に初登板。暗殺者ガモーラは75年、破壊者ドラックスは73年。しゃべる巨木グルートにいたっては60年にデビューしているというから、もう60年選手である。彼らはみな強烈な個性こそあれ、長らくマーベルのベンチを温めてきた、いってしまえば二軍の面々だ。そうしたチームが破天荒な活躍を繰り広げる新シリーズは、意外にも高い評価を受けた。こうした経緯があったからこそ、ケヴィン・ファイギ率いるマーベル・スタジオズが、映画化への可能性を見出したのだろう。

さて、この野心作の監督に決まったのはジェームズ・ガン。66年にミズーリ州で生まれ、駆け出しのころは『悪魔の毒々モンスター』[★1]で知らぬもののいないニューヨーク低予算映画界の雄、トロマ・エンターテインメント[★2]で修業した叩き上げだ。総帥ロイド・カウフマンのもと、ガンはロケハンの仕方に脚本の書き方、演出方法から仕出し弁当の手配まで、映画作りのすべてを学んだという。

『トロメオ&ジュリエット』[★3]（97年）で脚本家デビュー（ギャラは150ドルだった）、その後『スクービー・ドゥー』[★4]（02年）やリメイク版『ドーン・オブ・ザ・デッド』[★5]（04年）といったヒット作の脚本を手がける。さらにホラーの快作『スリザー』[★6]（06年）、そして一風変わったヒーロー映画『スーパー！』（10年）を監督した。いずれも小さな映画だった。マーベル・スタジオズの帰趨《きすう》を決する新たな超大作に、NYインディ映画界上がりのこの俊英を持ってくる

★1　『悪魔の毒々モンスター』
1984年・米／監督：ロイド・カウフマン、マイケル・ハーツ／脚本：ジョー・リッター、マイケル・ハーツ／出演：ミッチェル・コーエン、アンドリー・マランダ。いじめっこの手によって、悲しき毒々モンスターにされてしまったメルヴィンが、腐った世界を世直しする感動作。残念ながら、世間では「バカ映画」「Z級映画」と揶揄されることも多い。

★2　トロマ・エンターテインメント
『サウスパーク』の監督として知られるトレイ・パーカーの出世作『カンニバル！ THE MUSICAL』や、『カブキマン』など、数々の名作を独自の手法で作り続けるインディースタジオ。

★3　『トロメオ&ジュリエット』
1996年・米／監督・脚本：ジェームズ・ガン、ロイド・カウフマン／出演：ジェーン・ジェンセン、ウィル・キーナン。現代の

というのはそれなりの大英断だったはずだ。

強烈な疾走感と多幸感

さて、そんな映画は8歳のピーター・クイル少年が、夜の病院の待合室にしょんぼり座っているところから始まる。ピーターの左目には青痣《あおあざ》がある。おそらく学校でも苦労しているのだろう。その手に握られているのは母がくれた79年型のウォークマン。その母は今、死の床にあった。祖父に促されて病室に入るピーター。父親はいない。少年の手を取ろうとする母。だがピーターはそれに応えることができない。その手を握り返したら、それが永遠の別れを決定づけてしまうことを悟っていたのかもしれない。と、逡巡しているうちに母は死んだ。そんな事実を認めるには幼すぎたピーターは、思わず病院の外に走り出す。芝生に泣き崩れる少年の目の前を、眩《まばゆ》い光がさえぎった。謎の飛行物体。さらに閃光が走り、ピーターの身体を包み込む。

そこへおなじみ、コミックのページが次々にめくれていくマーベル映画のロゴだ。これまで映画の最初に登場していたこのロゴを、ピーター少年が愛する母を失う悲しいオープニングのあとに入れたのは、ケヴィン・ファイギのアイディアだったという。少年ピーターの場面と、大人になったピーターが宇宙に現れる場面の間にロゴを挿入することで、この劇的すぎる場面転換をスムーズにできるだろうというのがその理由だ。

ニューヨークを舞台に、エログロギャグをたっぷり詰め込んだ『ロミオとジュリエット』。

★4　『スクービー・ドゥ』
2002年・米／監督：ラジャ・ゴズネル／脚本：ジェームズ・ガン／出演：マシュー・リラード、フレディ・プリンゼ・Jr.。アメリカの長寿アニメの実写版。本作、続篇ともにゴールデンラズベリー賞を受賞。

★5　『ドーン・オブ・ザ・デッド』
2004年・米／監督：ザック・スナイダー／脚本：ジェームズ・ガン／出演：サラ・ポーリー、ヴィング・レイムス。ジョージ・A・ロメロによる映画史に残る名作『ゾンビ』のリメイク。原作とは異なり、ゾンビが全力疾走することが議論を呼んだ。

★6　『スリザー』
2006年・米／監督・脚本：ジェームズ・ガン／出演：ネイサ

だが、そうした計算以上にこのロゴが利いている。母を失って絶叫する少年、その前に現れて彼を拉致していくUFO。そんな畳みかけに続いて鳴り響く、マーベル・ファンファーレという流れ。これで一気に掴《つか》まれる。そして立派に成人したピーター・クイル（クリス・プラット）が、廃墟と化した惑星モラグに降り立つ。この辺境の星に、クイルはどうやら何かを回収に来たらしい。ウォークマンのヘッドフォンをかけると、レッドボーンによる73年のヒット曲「カム・アンド・ゲット・ユア・ラブ」が鳴り始める。そこへ画面いっぱいに登場する、“GUARDIANS OF THE GALAXY〟のタイトル。観ているこちらがいきなり最高潮に盛り上がる、この導入部は本当に見事というほかない。

それからも映画はノンストップだ。冒頭でクイルが手に入れた謎の球体を求め、襲いかかってきた緑色の肌の暗殺者ガモーラ（ゾーイ・サルダナ）、さらにこのふたりを追ってきた宇宙アライグマのロケット（声：ブラッドリー・クーパー）と木人グルート（声：ヴィン・ディーゼル）のコンビ。映画はこれら珍妙な登場人物を次々に投入してくるけれども、その登場がそれぞれいきなりのアクション場面となっているから、こちらが冷静になる暇を与えない。なおかつこのドタバタがあったあとには、結局4人揃って逮捕。今度は全員宇宙刑務所に送られたかと思えば、最後のメンバーであるドラックス・ザ・デストロイヤー（デイヴ・バウティスタ）が登場して、今度は大脱獄劇となる。

こうして書けば本当にバカっぽいが、実はそのなかで各キャラクターの人となりが余すこと

ン・フィリオン、エリザベス・バンクス。ジェームズ・ガンの初監督作品。宇宙から飛来した侵略者に街が襲われる古典的な話ながら、エイリアンたちがことごとくヌルヌルしているという、非常に変わったSFホラーコメディ。『ガーディアンズ』でヨンドゥを演じているマイケル・ルーカーは、ジェームズ・ガン映画の常連だが、ガンが起用するようになったのは本作から。

なく描かれる。こちらはそれを無理なく飲み込めるわけだから、とにかく映画に大切なのは疾走感なのだということがわかる。

ジェームズ・ガンによる「敗者の物語」

それにしても後にガーディアンズ・オブ・ギャラクシーを名乗ることになる5人は、いずれ劣らぬ悲惨な背景を持っている。クイルは、母を失った夜、最後にその手を取ってやれなかったことを今でも悔いている。ガモーラは、狂えるタイタン[★7]人サノス[★8]に一族郎党をみな殺しにされたうえ拉致、さらには戦闘マシーンに改造された。今ではサノスの義理の娘だという凄惨な半生だ。ドラックスもまた、宇宙軍人こと処刑者ロナン[★9]に妻子を殺され、復讐に燃えている。愉快なロケットは、ひとたび裸になれば身体中に痛々しい改造手術の痕跡が残る。そうした悲しい過去を気にしない風を装い、あたかも大物のように振る舞っているけれども、実は実験動物として切り刻まれた過去を呪っている。

呑気《のんき》に構えているのは木人グルートぐらいのものだが、ともあれ誰しもだいたい非常にみじめな境遇にある。全員それなりの猛者《もさ》ではあるが、恵まれない日々を送っていることに変わりはない。映画は主人公たちが「負けている」状況から始まっているのだ。

初めて監督の話をもちかけられたとき、ジェームズ・ガンは乗り気ではなかったという。と

★7　タイタン
マーベル・コミックスでは、土星の衛星タイタンにエターナルズたちが住んでいると設定されている。

★8　サノス
100万年前にセレスティアルズと呼ばれる巨人の種族が、類人猿の遺伝子操作をし、人類、ディヴィアンツ、エターナルズという3つの種族が誕生した。サノスは、不死の肉体を持ち、コズミック・パワーを操ることができるエターナルズのひとり。名前の由来は、死の神・タナトスから。ちなみにMCUフェイズ4にて、エターナルズを題材とした映画が準備されている。

★9　ロナン
クリー帝国の法執行官。クリー法典に違反するものを処刑する。ガーディアンズの前に立ち塞がったものの、彼はあくまで公務員として警察のように業務を遂行しているだけなので、厳密にはヴ

ころが試みに描かれたコンセプト・アートを一目見て、ガンの考えは変わった。その瞬間、映画が扱う遠い宇宙の世界に、突然親近感を覚えたとガンは述懐している。

だが実はもうひとつ、監督の心を動かしたものがあるのではないか。それは当時すでに出来上がっていたという脚本の草稿だ。いかにも現実味のない世界で、珍妙なキャラクターたちが大暴れする。そんなどうにも共感しにくい題材のなかに、明らかに自分や観客に近い存在を見出したのではないだろうか。

かつてマーベル・スタジオズには、会社が契約した脚本家たちにキャラクターのリストを渡し、彼らがそのなかから題材を選んで脚本を書くというプログラムがあった。このシステムは今は解体してしまったというが、ともあれ09年に支給されたリストから女性脚本家のニコール・パールマン★10が拾い上げたのが、ピーター・クイルやガモーラ、ロケット・ラクーンたちだった。

前述の通り、「ガーディアンズ・オブ・ギャラクシー」のコミックは、同年にリブートされたばかり。やはり世間一般に知られているとはいいがたい題材だった。それでも会社は企画にゴーサインを出し、その後パールマンは2年がかりで草稿を書き上げた。かねてから宇宙SFに興味を持っていたというこの脚本家の目に留まらなければ、あるいは『ガーディアンズ』が映画化されることはなかったかもしれない。ガン本人は脚本を完全に書き換えたと言っているが、パールマンによれば物語そのものは彼女が書いたままで、またさまざまな要素やセリフも

ィランではない。ときにはアンチ・ヒーローとして活躍することもある。『キャプテン・マーベル』でも登場。

★10 ニコール・パールマン 『ガーディアンズ』以降は、『キャプテン・マーベル』で原案を担当。マーベル以外でも『名探偵ピカチュウ』や、デミアン・チャゼル監督作の『ファースト・マン』に関わっている。

残っているという。

さて共感できるキャラクターといえば、ここでジェームズ・ガンによる10年の映画『スーパー！』の話をしておかなくてはならないだろう。これは一言でいえば、ヒーローになろうとした普通（あるいは以下）の男の物語だった。ど田舎でコックをしていたフランクは、地元やくざに女房を奪われ、その復讐のためにスーパーヒーローを志す。とはいえ、フランクにはもちろん特殊能力はない。あるのは自分が世直しをしなければいけないという、狂った思い込みだけだ。

かくして自前のスーツとモンキースパナを装備、正義の使者クリムゾン・ボルトを名乗ったフランク。街で見つけた軽犯罪に洒落《しゃれ》にならない鉄槌を下し、手前勝手なヒーロー街道を突っ走るのだった。こう書けば映画は何だかスーパーヒーロー・ジャンルに対する、割と意地の悪い風刺に思えるだろう。が、実はこれがヒーローとは何か、そのための条件とは何かということに真正面から取り組んだ、実に真摯な作品だった。詳しくは映画を観てほしいけれども、自己実現のために悪党をボコボコにしていたフランクは、紆余曲折を経て本物のヒーローへと変わっていく。

そして、やはり『ガーディアンズ・オブ・ギャラクシー』も実はそういう映画だ。いずれも社会のはみ出しっ子である主人公5人。初めは私利私欲のみで行動する極めつけの俗物たちだが、これが救世主として変容を遂げていく。2本の映画を並べてみて改めて気づくのは、ジェームズ・ガンが自作の主人公たちに向ける、愛情に満ちたまなざしだ。

陰の功労者、ジョス・ウェドン

『ガーディアンズ』製作にあたって、監督にジェームズ・ガンを推薦したのは、他ならぬジョス・ウェドンだったという。一線級のヒーローを集めた映画とはいえ、本作は製作費1億7000万ドルの超大作だ。しかも続々送り出されるマーベル映画は、そのすべてが繋がっている。この会社は映画が1本失敗すれば、それが後々にまで悪影響をおよぼしかねないという極めて危ない橋を渡っていた。

しかしウェドンは、『ガーディアンズ』の、そしてガンの本質がわかっていた。社会の落伍者たちが奮起する物語。忘れられたキャラクターたちが遠い宇宙で繰り広げる活劇。それまでのマーベル映画にはない展開をやり切るには、相当な胆力が必要だ。何よりあまりに突飛な登場人物たちに、どれだけ共感できるか。そういう映画に説得力を持たせられるのが誰なのかということ。そこを見抜いてガンを推した、これはウェドンの慧眼《けいがん》といえるだろう。

ガンが最初に手を入れた脚本を、マーベルの上層部は諸手を上げて大歓迎したという。だがその場でウェドンだけが渋い顔をしていた。どういうことかガンが尋ねると、ウェドンは「もっと君らしさを出せるはずだ。ガンらしさが……」と答えた。

これを受けてガンは、ある場面を書き足した。チーム5人が輪になって座り、宇宙征服を目論む強敵ロナンにどう立ち向かうか話し合うシーン。ロケットに作戦があるのかないのか詰め寄られ、苦し紛れにクイルが答える。「12パーセントぐらいはあるよ。作戦みたいなものが……」。爆笑するロケット。思わずムキになるクイル。話し合いというよりは泥仕合だが、このグダグダの口喧嘩から、その後どういうわけだかチームがひとつにまとまるという感動的な展開を見せる。これは本作の数えきれない名場面のひとつだ。

切れのいい会話を生き生きとしたテンポで見せ、さらにいつの間にか観客の心を鷲掴みにする。そんなガンらしさが最も端的に表れているといえる。これを引き出してみせたジョス・ウェドンに、ガンも観客の我々も決して足を向けては寝られないのである。

実はマーベル映画の王道である

そうこうしているうちに物語は進み、（冒頭でクイルが盗んだ超物質）オーブを最終的に手に入れた悪漢ロナンが、瀟洒《しょうしゃ》な惑星ノヴァに侵攻してくる。経緯を知っているクイルとしてみれば、これを止めなければならない。件《くだん》の感動的なミーティングの場面があって、これまではそれぞれの目的で勝手に行動していたゴロツキたちが、とうとう一致団結する。物語についての説明がずいぶん雑ではないかと思われるかもしれない。だが、そうならざるをえない理由が実はあるのだ。

本作まで数えて9本のマーベル映画のうち、その半数以上が基本的な物語構造を同じくしている。（1）悪役の誰かしらが、（2）強大な力を手に入れる。これによって世界をその手に収めようと乗り出してきたところに、（3）スーパーヒーローの誰かしらが立ち向かう。

よくまあ同じような物語に毎回毎回固唾《かたず》を呑んで、と思わず考え込んでしまうほどだ。だが、そういうマンネリを糾弾したいわけではない。筋立て以上に大切なのは、そのなかでどうキャラクターが描かれるか、どれだけ気持ちよくスーパーヒーローとしての活躍を見せてくれるのかということだ。

その点において、本作はほぼ完璧だ。二軍ヒーローたちの寄せ集めから出発したにもかかわらず、この作品はもはやマーベル映画の王道中の王道だといっていい。感情豊かな（なかにはそうでもないものもいるが）登場人物がいがみ合いつつ、いずれそれぞれが勝手に助け合い始め、最終的にはスーパーヒーロー・チームとして、まさに英雄的な行動を見せる。その過程で描かれるキャラクターたちの生き生きとした魅力。ストーリー云々ではなく、ずっとこの映画を観ていたくなる。

底辺の俗物たちが命をかける

さらに本作で驚かされるのは、チームの面々がそれぞれ必ず一度は死にかけることだ。仇敵ロナンに単身挑み、半殺しにされるドラックス。生身で宇宙空間に放り出されるガモーラ。ロナンの宇宙戦艦に特攻して意識不明になるロケット。常人が素手で触れれば間違いなく即死するというオーブを握りしめ、やはり即死しそうになるクイル。そして墜落する宇宙戦艦で仲間たちを守るため、自らの生命を犠牲にするグルート。そうして誰かが絶体絶命の窮地に陥るたび、仲間の誰かがこれを救う。助け合う仲間たちが、いずれも社会の底辺で生きる俗物ばかりであるという点で、この映画で見られるチームプレイは、大物スーパーヒーローが一堂に会した『アベンジャーズ』におけるそれよりも感動的だ。

こうして漏れなく死にかけた仲間たちのなかで、木人グルートだけが本当に死んでしまう。チームがとうとう最終決戦を制し、ロナンを打ち倒したあとで、アライグマのロケットが人目を憚《はばか》らず号泣する。俗物揃いの面々にあって、ただひとり純粋に優しかったグルートが死んでしまった。その悲しみ。廃墟のなかで、文字通り木端微塵になった親友の亡骸《なきがら》（傍目には枝切れにしか見えない）を抱いてむせび泣く。

アライグマが木の枝を抱えて泣いている……。こうして書けばどうかしているが、そんな光景を目の当たりにしては、こちらも泣くしかない。しかも、全身刺青だらけの巨漢ドラックスがその隣に座り、思わずアライグマを撫でてやる。一瞬息を呑むが、やはり泣き続けるロケット。こうした信じがたい画面《えづら》を臆面《おくめん》もなく見せて、それで泣かせにくる映画。これは並大抵の所業ではないのである。

ただそれだけに、エンド・クレジット後のマーベル映画の定番であるオマケ部分はいただけない。木端微塵になったはずのグルートが挿し木で復活、愛らしいダンスを見せるというくだり。確かにたいへん微笑ましいが、ちょっと待ってほしい。ほんの10分前にはその尊い自己犠牲でもって、我々の涙を搾《しぼ》り取ったばかりなのだ。アメコミ、またはその映画化作品において、「キャラクターの死」というものが大した意味を持つものでないことはよく理解している。最近死んだ人がわりと普通に蘇ってくる、それがアメコミだ。だからそれはいい。

しかし、そのスパンがあまりにも短すぎる。ここで復活を遂げたのは、あくまで死んだグルートとは別の個体で、第1部に登場したグルートは本当に死んでしまった、とジェームズ・ガン自身が後に明かしてはいるが、そうだとしてもあまりに死が軽すぎる。本作に唯一の瑕疵《かし》があるとすれば、それはグルートの復活ではないかと思う。

「敗者たちの勝利」が救済となる

ともあれ映画は大ヒット、批評的にも大絶賛を受けた。一時は誰からも期待されなかった、無名の珍キャラクターが活躍する宇宙映画が、ここまでやってのけた。しかし、こうした金儲けや評論家からの称賛以上に重要なことがある。映画はもっと大事な点で勝ったのだ。

ピーター・クイルはかつて、死にゆく母の手を取ることができなかった。クライマックスにおいて死にかけたとき、クイルはついにガモーラの手を握る。ドラックスとロケットがそのあとに続き、全員が手を取り合う形になる。こうしてクイルひとりでは制御しえなかった超物質オーブの力を全員で抑え込んだとき、とうとうスーパーヒーローのチーム、ガーディアンズ・オブ・ギャラクシーが誕生した。最底辺でみじめな生活を送ってきたアウトローたちが、ついに救われる。敗者たちはついに勝利を手にしたのだ。

主人公たちだけでなく、観客も救済という名の勝利を手にしていた。映画の公開後、ドラックスを演じたバウティスタのもとに、手紙が届いた。日ごろ周囲とコミュニケーションを取るのに苦しんでいるという、自閉症の子どもからだった。ドラックスは比喩表現が理解できない。他人の口にした例え話を、いつも額面通りに受け取ってしまう。手紙をくれた子どもはそんな巨漢の姿に自分を重ね、そしてドラックスがチームに受け入れられる姿に大いに勇気づけられたというのだ。

また、キャストにも救済をもたらした。グルートを演じたヴィン・ディーゼルは、映画の製作当時、『ワイルド・スピード』シリーズで共演を続けてきた盟友、ポール・ウォーカー★11を交通事故で失ったばかりだった。友情を何より重んじ、すべての心情を「アイ・アム・グルート」とのセリフだけで表現するこの朴念仁《ぼくねんじん》を演じることで、ディーゼルは親友を亡くした喪失感をようやく埋めたという。

社会のなかで苦しむ者たちに、同じ境遇にあるヒーローたちが活躍する映画が、こうして勇気を与えた。作品の大ヒットを受けて、監督ジェームズ・ガンは世界中のファンたちに手紙を書いている。

★11 ポール・ウォーカー
2013年11月、ポール・ウォーカーは元レースドライバーが運転するポルシェに乗車中、街灯に衝突する事故に遭い、亡くなった。2015年公開のシリーズ第7作『ワイルド・スピード SKY MISSION』が遺作となった。

「ガーディアンズは変わり者やはみ出し者、奇人変人の集まりだ。社会から置いてけぼりにされているとか、疎外されているとか、あるいは周囲から浮いていると感じざるをえないすべての人々のために、僕はこの映画を作った。これは世の中に居場所を見つけられないと悩む、僕らすべてに向けた映画なんだ。この映画は君たちのものだ。みんなうまくやっていると思う。大丈夫だ」

こうして誰もが喜び合える映画が現れたということは、まさに奇跡と呼ぶほかないし、その点において『ガーディアンズ・オブ・ギャラクシー』は、並みいるマーベル映画のなかでも特別な作品になったといえるのだ。

アベンジャーズ／エイジ・オブ・ウルトロン

映像におけるヒーロー群像劇の限界への挑戦

あらゆる要素を詰め込みまくる

コミック・コンベンションのホールに観衆を集め、大きなスクリーンに数年先までの公開予定作品をズラリと並べる。一時期のマーベル・スタジオズは、そんなAppleの新商品発表会のような形で新しい映画の企画を紹介していた。マーベルから休むことなく送り出される作品群を指して、映画ではなく、ビジネスプランに基づいて生産され続ける商品でしかないという批判を聞くことも珍しくない。

しかし、仮にそうであろうと（そもそも娯楽映画が商品であること自体に問題があるとも思わないが）、マーベル映画がやってくるたびに必死で追いかけてしまうのは、会社が毎度何かしらのチャレンジをしているからだ。そもそも大借金をして会社を作ったことに始まり、世間的な知名度もそこまで高くないヒーローたちの映画を連作し、彼らをまとめて投入した超大作に繋げたこと。さらに無名のキャラクターたちが宇宙で冒険する作品を、インディペンデント上がりの監督に任せてみること。そうした無茶な挑戦に、こちらも付き合いたくなるのではな

【作品情報】

2015年／監督：ジョス・ウェドン／出演：ロバート・ダウニー・Jr.、クリス・ヘムズワース、マーク・ラファロ、クリス・エヴァンス、スカーレット・ヨハンソン、アーロン・テイラー＝ジョンソン、ポール・ベタニー、ジェームズ・スペイダー

いかと思う。

『アベンジャーズ／エイジ・オブ・ウルトロン』にも、無謀なチャレンジが溢れている。結果からいってしまえば、興行成績は『アベンジャーズ』を超えられず、決して前作ほどには高い評価も得られなかった。だが、この『ウルトロン』はマーベル・シネマティック・ユニバースにおいて、最も重要な作品のひとつだ。その重要性は、何もフランチャイズ上の前後の作品と、ストーリーが繋がっていることから生じているわけではない（むしろ作品の足を引っ張っているその件については後述する）。

この時点で考えられるすべての要素を放り込み、できることをすべてやってみた映画。ここまで無謀な挑戦をした作品は、マーベル・スタジオズの10年を振り返っても、後にも先にもこの映画だけだ。

6人のスーパーヒーロー・チームが完成するまでを描いた前作。すべての主要キャラクターに均等に見せ場を作り、それぞれの個性を描き込んだうえで、最後の巨大な見せ場に繋げる。この難事業をやり切った監督、ジョス・ウェドンだが、考えてみればすでにあるものをまとめる作業ではあった。

対して、今回は新しい物語に新しい敵、新しいキャラクターを一挙に投入することになる。レス・イズ・モア。少ないことはよいことだ、とよく言われるが、『エイジ・オブ・ウルトロン』は、まさにその真逆をいく映画ではある。特にコミック・ヒーロー映画が、新しい要素を大量追加してうまくいった試しはなかった。たとえば、2007年の『スパイダーマン3』[★1]では、3人のヴィランを一気に登場させて見事にまとまりを欠き、結果としてシリーズの終焉を招いたことを思い出す。膨張の先に未来はない。しかし、あえてそのコースに飛び込んだ、『ウルトロン』とはそういう映画だ。

蘇ってくるPTSD

前作がそのクライマックスまで温存したアベンジャーズの大立ち回りを、この第2部は冒頭からいきなり見せつける。雪山深くのヒドラ残党基地を急襲するチーム。CGIを駆使した擬似長回しで、メンバーたちの流れるような戦いぶりがノンストップで展開する。かと思えば、画面がスローモーションになり、敵地に飛び込むアベンジャーズの全員を、真横から捉えたショットを見せつけたりもする。映画の頭も頭で、何もここまで見せる必要はないだろうとケヴィン・ファイギは言ったというが、まさに冒頭からサービスを全開にすることを主張したのは、ジョス・ウェドンその人だった。

アクション大盤振る舞いのサービスで始まった映画は、すぐに急展開を見せる。ヒドラが作り出し、私兵として囲っていた改造人間、ピエトロとワンダ[★2]のマキシモフ兄妹が野に放たれる。超スピードを誇るピエトロ（アーロン・テイラー＝ジョンソン）、人間の精神や重力を操るワンダ（エリザベス・オルセン）。まずは、トニー・スタークがワンダの攻撃にさらされる。

★1　『スパイダーマン3』
2007年・米／監督：サム・ライミ／脚本：アルヴィン・サージェント、アイヴァン・ライミ、サム・ライミ／出演：トビー・マグワイア、キルスティン・ダンスト、ジェームズ・フランコ。ヴェノム、サンドマン、ニュー・ゴブリンといったヴィランと、スパイダーマンが死闘を繰り広げる。当時映画史上最高額290億円もの製作費が注ぎ込まれた。その年の興行収入1位を獲得するなどシリーズ人気が高く、このあとさらに3作の続篇の製作が計画されたものの、諸般の事情で立ち消えとなり、ライミ版スパイダーマンとしては最終作となった。

★2　ピエトロとワンダ
X-MEN最大のヴィラン、マグニートーの子どもたち。当初は父とともに、アベンジャーズに対して攻撃を仕掛けるも、後に更生しアベンジャーズに加入する。ブライアン・シンガー監督の『X-

精神の深奥に触れられ、一瞬の悪夢を見させられるスターク。その幻覚のなかには、本人が以前から抱えてきたＰＴＳＤの行き着く先が映し出される。宇宙の廃墟に倒れるアベンジャーたち。チタウリの巨大な宇宙船、リヴァイアサンが遠くの空をゆっくりと這う。ただひとり虫の息であったキャプテン・アメリカが急に目を開き、スタークを叱責する。皆を救えたはずなのに、と。

　破滅の未来を幻視させられて、スタークはかねてから進めていた計画を一気に完成させることを決意する。ウルトロン・イニシアティヴ★3、全世界に配置した無人のアイアンマン・アーマーを人工知能で一元管理し、来るべき脅威に対応しようというものだ。科学者ブルース・バナーの協力を取りつけ、さらにマインド・ストーンを解析することで、研究を一気に加速させるスターク。その目論見は見事に当たり、安全保障プログラム・ウルトロンが起動する。だが、この人工知能は目覚めるなり、人類こそが世界平和への障害であると判断、その抹殺を宣言する……。

『アベンジャーズ』第1部で垣間見た、外宇宙からの脅威。『アイアンマン3』では、その不安に対処するためにひたすらアイアンマン・アーマーを量産していたスターク。そのＰＴＳＤとアーマー依存を克服したはずが、その精神状態はここへきてさらに悪化する。逃れられない破滅への不安。これに対処するためには、相変わらず手段を選ばず、なおかつそれを誰にも相談しない。成長していないということもできるが、精神的外傷とは、実のところ何かのきっ

MEN：フューチャー&パスト』『X-MEN：アポカリプス』でも、クイック・シルバーのみ登場。本作ではエヴァン・ピーターズが演じている。

★3　ウルトロン・イニシアティブ
2008年『マイティ・アベンジャーズ：ウルトロン・イニシアティブ』（2013年にヴィレッジブックスより邦訳版刊行）というコミックのタイトルにもなっている。『シビル・ウォー』でヒーロー管理法が成立した直後のストーリー。コミックではアイアンマン・アーマーではなく、アメリカの各州に警備を担当するヒーローが配備されるという設定が重なっている。

かけで消えてしまうようなものではなく、何かのきっかけでいつでも蘇ってくるものなのだ。マーベル映画シリーズでたびたび語られるトニー・スタークの安全保障に対するオブセッションは、決して解決されない問題として、彼の心のなかにあり続ける。

本作がまた特殊なのは、諸悪の根源たるスタークがチームからそれなりに糾弾《きゅうだん》されながら、特に悪びれるでもなくウルトロンとの戦いに赴《おもむ》き、またアベンジャーズも半ば呆れながらそれに同行することだ。自分の作った人工知能が暴走、全人類に牙を剥いたとあれば、そのいたたまれなさに（一時的にでも）姿を消してもおかしくはない。しかし、そうはならないところに、ヒーローの停滞を許さないマーベル映画の厳しい姿勢を感じる。

目まぐるしいアクションの連続

機械の身体を自ら次々にアップグレード、さらに自らの分身となるドローンを無数に作り、瞬く間に一大軍団を築き上げるウルトロン（ジェームス・スペイダーが、その声を楽しげに演じている）。トニー・スタークに恨みを抱くワンダとピエトロを配下に加えたこの殺人ロボットを追って、アベンジャーズが世界中を駆ける。

当然ヒーロー・チームとヴィランが出くわすたびに、激しい戦いが起こる。アクション・シークエンスは前作の3倍増しだ。冒頭のソコヴィア★4から始まり、ニューヨークのアベンジャーズ・タワー★5で展開するウルトロンとの初戦、それに南アフリカでの再戦。ワンダの能力

★4　ソコヴィア
ソコヴィア共和国は、東ヨーロッパに位置するマーベル作品に登場する架空の小国。首都はノヴィ・グラード。2017年のコミック『キャプテン・アメリカ：スティーブ・ロジャース』によれば、カミール・ノヴォトイという独裁者が支配する、旧ソ連の全体主義国家だったという。

★5　アベンジャーズ・タワー
スターク・インダストリーズの本社としてマンハッタンに建てられたスターク・タワーを、アベンジャーズの本部使用のため改組したもの。『インクレディブル・アイアンマンVol.3』#1では、大阪にスターク・タワーが建っている描写も描かれている。MCUではニューヨーク市マンハッタン区パーク街200号に位置するメットライフビルが、場所およびビルの下部分のモデルとなっている。

で暴走させられたハルクとアイアンマンが、ヨハネスブルクの街で展開する大バトル。さらに、韓国はソウルの市街地で、キャプテン・アメリカとウルトロンが猛烈なチェイスの後に肉弾戦を繰り広げる。

物語は世界中を転々として、それぞれの都市で大破壊を繰り広げては、また次の目的地に舞台を移していく。ほとんどの幕に目まぐるしいアクションを配置してくる本作のアグレッシブな態度には、少々慄然とさせられるものがある。

こうしてヒーローとヴィランの、ときにはヒーロー同士の、絶え間ない戦いで構成される物語は、しかしその要所要所で少しずつ綻《ほころ》びを生じさせてもいる。当初は恐るべき敵として登場したワンダとピエトロのマキシモフ兄妹は、劇中でウルトロンから離反、最終的にはヒーローとしてアベンジャーズに加わることになる。このキャラクターの変節は、確かに原作でも描かれているものではある。だが、猛スピードで展開する映画にあって、彼らのポジション変更は物語上の要請に合わせた、どこか無理のあるものとして映ってしまう。

映画がその秘密兵器として、公開まで存在を隠し続けた新しいアベンジャーことヴィジョン[★6]（ポール・ベタニー）についても、多少の問題は感じてしまう。緑色に輝く身体に赤い顔をした合成人間という現実離れしたキャラクターを、ほぼコミックそのままの姿で画面に登場させるマーベル・スタジオズとジョス・ウェドンの胆力には、思わず震撼させられるが、問題はそのストーリー上の役割だ。トニー・スタークによって生み出されたウルトロンが、さらに自ら

★6　ヴィジョン
1968年にスタン・リー、ロイ・トーマスがアベンジャーズに加えた、アンドロイドのヒーロー。ジョー・サイモン、ジャック・カービーが1940年代に生み出したキャラクター「ヴィジョン」を改変したもの。

の最終形態として創造したヴィジョン。この最強のアンドロイドは、紆余曲折を経て人間たちと共生することを選ぶ。だが、ヴィランよりも上位の存在として生まれ出た存在が、ヒーローの陣営に加わった時点で、実はこの後に用意された最終決戦の勝敗はすでに決してしまっているのだ。

とはいえ、その最終決戦が、これら作劇上の無理を吹き飛ばす異常な説得力をもってこちらに迫ってくることもまた確かだ。『アベンジャーズ』第1部のクライマックスで、ようやく一堂に会したチームをカメラが捉え、その周りをぐるりと一周した場面。本作では、このおなじみのカメラの一回転も大幅にアップグレード、今回はウルトロンの軍団と激闘を繰り広げるアベンジャーズに回り込んでみせる。押し寄せる無数の殺人ロボットを、各々のファイトスタイルで次々に撃破するヒーローたち。画面上に詰め込まれた情報量は、こちらの処理能力をそろそろ超えつつある。360度の大パノラマで展開するこの場面は、原作の画を実写で再現し、そしてそれをとうとう超えた、コミック映画のひとつの到達点だ。

アベンジャーズの内面の懊悩

物語の隙間という隙間にアクションを詰め込みつつ、ジョス・ウェドンは極めて忙しい物語の合間を縫って、スーパーヒーローの内面を描き込む。ワンダ・マキシモフの精神攻撃によって、それぞれが心の奥底に抱える恐怖に直面させられるアベンジャーたち。スタークはすでに冒頭で悪夢を見させられ、そのため巨大な無力感に苛《さいな》まれることになった。常に目の前の問題を自身の才能で解決してきたにもかかわらず、その解決策こそがまた新たな問題を呼ぶ。そして結局は、誰のことも救うことができない。

キャプテン・アメリカが見せられるのは、戦勝パーティの幻影だ。旧式のストロボを焚《た》かれ、思わず身体を強張《こわば》らせるスティーブ・ロジャース。戦地の経験がそうさせるのかもしれない。傍らにはペギー・カーターが、若い姿のままで立っている。戦争は終わった、とカーターは言う。家に帰れる、と。ロジャースは半信半疑で戸惑う。想像してごらんなさい、と問われるが、次の瞬間には誰もいないホールにひとり立ち尽くしている。ペギー・カーターと楽しげに踊る笑顔のロジャースが、ほんの一瞬だけスローモーションで映し出される。失われた約束。それはやはり幻として消える。そしてまたひとり立つロジャース。戦争は終わっていないし、家に帰ることもできない……。

このキャプテン・アメリカが自分を幻視する場面は、ヒーローたちの一連の悪夢のなかでも、どういうわけか最も強烈に心を打つものだ。戦争のなかでしか生きることのできない超人兵士の悲しみを、この2分にも満たない短いシーンは（事によっては『キャプテン・アメリカ』シリーズのどの作品よりも）、豊かに伝えている。

ブラック・ウィドウことナターシャ・ロマノフにとっては、自らの過去が恐怖の根源だ。幼いころに送られた、寒々しい学校の光景が蘇る。徹底的に人間性を剥ぎ取られ、暗殺者として作り変えられた日々の記憶。あるいは、劇中アベンジャーズが逃げ込んだホークアイの実家（そういえば前作ではロキに洗脳されて割を食っていたホークアイも、今回は頼れる大人としていいところを見せる）。そこでロマノフは、ブルース・バナーと束の間心を通わせることになる。内面に巣食う暴力の権化ハルクを恐れ、自身を怪物と呼ぶバナーに、自分もまたモンスターだと語るロマノフ。彼女は子どもを産むことができない。暗殺者として躊躇《ちゅうちょ》なく殺しをできるよう、家族を持つことを取り上げられたのだと。

映画の公開後、このやり取りに関して、ウェドンを非難する意見が続出した。子どもを持てない女はモンスターなのか、と。しかし、去勢はロマノフに加えられたいくつもの非人道的な改造のうちのひとつであって、彼女は殺人マシーンに作り替えられた結果を指して「怪物に変えられた」と語っている。ウェドンに対する指弾は、少々短絡的に過ぎるのではないかと思う。だが同時に、ロマノフとブルース・バナーのこの会話が（ふたりのロマンスというアイディアと同じように）言葉足らずで、うまく着地していないこともまた確かだ。

本作でウェドンは、アベンジャーたちの知られざる内面を描くことにこだわった。彼らの苦悩が劇中で解決されることはないし、またはここで提示されながら、後の作品においては忘れられてしまう問題さえある。しかし、破壊と混沌を鍋にかけて沸騰させ続けるような映画にあって、ウェドンが描いた人々のドラマは、どれも不思議と心に残る。ヒーローの葛藤に触れているから立派な作品だということが言いたいのではない。重要なのは、作品がキャラクターのひとりひとりに寄り添って、彼らをより愛すべき人物として描こうとしたことなのだ。

失敗にこそ美しさがある

『アベンジャーズ』第1部を大成功させ、その後もマーベル・スタジオズのクリエイティヴ・コンサルタントとして活躍してきたジョス・ウェドン。マーベルの映画作りには欠かすことのできない人材と思われたが、この『エイジ・オブ・ウルトロン』を最後に、スタジオとの関わりを断つこととなった。本作の完成直後から、マーベル・スタジオズとの軋轢《あつれき》と、それによって完全に疲弊させられたことをウェドンは公言するようになる。

並みいるキャラクターのひとりひとりを掘り下げ、スーパーヒーローたちのドラマを描き込もうとしたウェドンと、シネマティック・ユニバースの中間決算として、さらにその後の世界を拡張しようとしたスタジオ側との主導権争い。『エイジ・オブ・ウルトロン』には間違いなくそうした側面があった。

たとえば、アベンジャーのひとりひとりが幻視するそれぞれの悪夢、またはホークアイの家★7で展開するブラック・ウィドウとバナー博士のやり取りなどは、ウェドンが脚本上で何よりも重要視した場面だった。

ところがスタジオ側は、このドラマ・パートを切り詰めるなり削除するなりして、雷神ソーが、インフィニティ・ストーンの謎を幻視する一連の場面に尺を取るように要請する。作品間

★7　ホークアイの家
ふたりの子どもと、クリント・バートンを心から心配する妻が待つ、古きよきアメリカを絵に描いたような家の描写。これはコミックとは大幅に異なる。ホークアイは、ブラック・ウィドウ、ワスプ（ナディア・ピム）らと恋に落ち、モッキンバードというS.H.I.E.L.D.の諜報員と結婚する。子どもに恵まれないまま、モッキンバードがホークアイを守り、命を落とす（後に生きていたことが判明）。

に連続性を持たせ、ひと繋がりの世界観を築くことに、マーベル・スタジオズは血道を上げてきた。そうした積み上げの上に、『アベンジャーズ』も『ウルトロン』も成り立っている。会社としてみれば、該当のシーンはシリーズの今後への布石として、絶対に必要なものだった。

ホークアイの家のくだりを残すなら、という条件で、ウェドンは最終的に会社の要求を呑んだ。しかし結果として現れたのは、謎の泉に半裸で入浴、宇宙に漂う色とりどりの石のイメージを見るなり悶絶するソー……という、誰にも説明ができない奇怪な場面だった。

『ウルトロン』のエンド・クレジットのあとには、次作のヴィラン、サノスが登場している。第1作の最後でもちらりと顔を見せたこの男が、今回はいよいよ黄金に輝くインフィニティ・ガントレットを手に取って、不敵な笑いを浮かべる。来るべき『アベンジャーズ』第3部への期待は、確かに高まらないでもないが、よくよく考えてみれば、サノスは今回の物語にほとんど関わっていないので、唐突感は否めなかった。このポスト・クレジット映像を入れ込むよう要求したのも、やはりスタジオ側で、ウェドンはこれに渋々従ったという。

会社側からの大小の要求、それに前作の倍近くなった情報量を、何とか捌《さば》きつつ、決して負けることのできない戦いに挑んだジョス・ウェドン。映画史に残る3・6億ドルの巨費が注ぎ込まれた映画は、全世界で14億ドルという（前作には及ばないまでも）十分に化け物じみた興収を稼ぎ出したのだから、間違いなく戦いには勝ったといえるはずだ。

しかし16年1月、ジョス・ウェドン★8は、マーベルとは二度と仕事をしない旨を公に発表。作

★8　ジョス・ウェドン
略歴は「アベンジャーズ」の項参照。MCUから離れたあと、DCエクステンデッド・ユニバースのなかの『ジャスティス・リーグ』に脚本で参加。その後同じくDCで、バットマンのサイドキックを描く『バットガール』の監督に決定していたものの、描くべきストーリーが見つからなかったという理由で自ら監督を降板。2019年に入り、HBOでSFドラマの監督を務めると報道されている。

家としての欲求を捨てて、スタジオの求めるものだけを形にしていたなら、あるいはその後も関係は続いていたかもしれない。だが、二者の関係がここで終わったということが、ウェドンにはそれができなかったことを物語っている。

『エイジ・オブ・ウルトロン』は多くの批評家から、いかにも情報過多でバランスの悪い映画だとの指摘を受けた。あまりに多くのことが起きるその結果、何も心に残らないと辛辣な言葉を投げつけられてもいる。

確かに本作は、異常に交通量の多い、七叉路か八叉路の交差点のような映画だ。直接の前作『アベンジャーズ』を含む過去作品で語られてきた物語の流れを引き継ぎつつ、その後の作品に向けた仕込みも同時に行うという無茶な試み。確かに批評家たちの言う通り、これはバランスを欠いた作品かもしれない。

しかし、物語が破綻する寸前まで詰め込めるだけ要素を詰め込み、大規模なアクションを途切れることなく見せると同時に、愛すべきキャラクターたちを描き、さらに合間合間で笑わせる。何もかもを見せ切ろうとした、その無謀なチャレンジも含めて、『アベンジャーズ/エイジ・オブ・ウルトロン』は、決して忘れることのできない作品である。

上手にまとまっているか否かだけが映画の価値ではない。仮にうまくいかなかったとしても、そこに何の問題があるというのだろう。合成人間ヴィジョンも劇中で言っていた。人間のすることには、その失敗にこそ美しさがあるのだ。

アントマン

マーベル・スタジオズVS.マーベル・コミックス

あえて組み込まれた〝お茶漬け映画〟

地球滅亡の瀬戸際で数多くのメイン・キャラクターが入り乱れ、空前のスケールで戦いを繰り広げた『エイジ・オブ・ウルトロン』。ジョス・ウェドンが全力で作り上げ、そして力尽きた上映時間141分の超大作をもって、MCUの「フェイズ2」はその総決算を終えた……。と思いきや、大盤振る舞いのあとのお茶漬けのように、マーベル・スタジオズが出してきた映画『アントマン』は、そのタイトル・キャラクターと同じく、小さな映画だった。

改めて思い起こしてみれば、誰しもが何かしらのプロフェッショナルであったこれまでのマーベル作品に対して、本作は初めて市井《しせい》で生きる中年を主人公に据えている。

スコット・ラング（ポール・ラッド）は、電子工学の修士号を持つ元窃盗犯。かつては犯罪者から盗みを働き、搾取された相手に金を戻していたが、結婚を機に足を洗って真面目な会社員になった。ところが、勤め先の腐敗を目の当たりにして黙っていられず、システムをハッキングしてその不正を白日の下にさらす。この件でスコットは逮捕、3年間の懲役刑を受けるこ

【作品情報】

2015年／監督：ペイトン・リード／出演：ポール・ラッド、エヴァンジェリン・リリー、マイケル・ダグラス、コリー・ストール、マイケル・ペーニャ、ティップ・"T.I."・ハリス、デヴィッド・ダストマルチャン、アンソニー・マッキー

とになってしまう。

前科者の主人公（離婚歴あり）が、開始早々アイス屋のバイトをクビになる、という冴《さ》えない生活ぶりは、従来のMCUのスーパーヒーローたちにはなかったものだ。物語のスケールを拡大し続ければ、いつかは飽和状態に陥るしかない。マーベル・スタジオズはここで、感情移入の容易なサイズのヒーローを登場させるやり方に打って出たわけだ。

等身大以下のヒーロー

定職もなく、別れた娘の養育費も払えないラングは、やむなく窃盗犯としてのキャリアを再開させる。刑務所仲間のルイス（マイケル・ペーニャ）の手引きで侵入したのは、科学者ハンク・ピム（マイケル・ダグラス）の邸宅。ところがそこでラングが手に入れたのは、かつてピム博士が開発した特殊なスーツだった。

身体のサイズを自在に縮小させることのできるこのスーツを着用、行きがかり上アントマンを名乗ることになったラング。図らずも得た能力と窃盗犯のキャリアを生かし、ピムの技術を軍事目的に悪用しようとするダレン・クロス（コリー・ストール）の陰謀を止めるために、悪戦苦闘することになる。

暴走したＡＩが都市をまるごと隕石に変え、地表に衝突させて人類の滅亡を計画した『ウルトロン』に比べれば、本作が扱う超技術の取り合いは、局地的かつ小規模なものだ。また純然たるコメディとして作られた『アントマン』は、駄目な父親が娘との関係を再構築しようとする小さな物語でもある。スコット・ラングは娘キャシー（アビー・ライダー・フォートソン）に対してよき父親であろうとするし、ハンク・ピム博士は娘ホープ（エヴァンジェリン・リリー）との行き詰まった関係を立て直そうとする。

ろくでなしの父親のせいで苦労するヒーロー、という図式は、このあとのマーベル・スタジオズ製映画にたびたび登場するテーマだが（『マイティ・ソー バトルロイヤル』『ブラックパンサー』『ガーディアンズ・オブ・ギャラクシー：リミックス』などなど、枚挙にいとまがない）、『アントマン』はそれらに先んじて、父親の側から物語を描いている。家族を持つ中年の責任というテーマは、実はこの映画世界においてなかなか珍しいものだ。

あくまで小さな世界を描いた作品かと思いきや、先代アントマンことハンク・ピムが、実は元S.H.I.E.L.D.職員で、ハワード・スタークやペギー・カーターと働いていたという１９８９年の出来事が語られる。やはりここでも描かれるアメリカの偽史に、思わず興奮させられる。冴えない中年男の物語かと思いきや、実はこれも大河の一片を描いた映画なのである。

さらに映画は、量子空間★1という新たな次元を描き出す。宇宙／地球だけに留まらず、極小の次元にまでＭＣＵの舞台が広がる。蟻の目線で、または原子のレベルまで縮小した人間の目線で見る世界の信じられない光景。ポール・ラッドが気楽で間抜けな態度を取り続ける本作は、終始笑って観ていられる軽いコメディではある。だが、人間が小さくなればいずれ気が狂うた

★1 量子空間
ＭＣＵでは量子空間（Quantum Realm）と呼ばれるが、コミックではマイクロヴァースという名前になっている。初出は１９４３年の『キャプテン・アメリカ』。ＭＣＵ版では未だ描かれていないが、コミックでは量子空間に小さな人間たち、そして独自の国家すら存在している。

め、外界の刺激から脳を守るためにヘルメットが必要不可欠だとか、縮小を続ければいずれ量子の世界に囚われて脱出が不可能になるとか、なかなかゾッとさせられる描写もある。

10年近く製作に関わった末に降板を余儀なくされたエドガー・ライトに代わって、本作の監督を引き継いだペイトン・リードは、わずか1年という短い製作期間で、この愛すべき小品をタイトにまとめている。

製作にいたるまでの長い道のり

いかにも気楽で小さな映画である『アントマン』。しかし、同作はマーベル・スタジオズ作品のなかでも、その完成までに最も長い時間を要している。

2003年、イギリスでテレビシリーズ『スペースド』★2（99～01年）を手がけて注目されていたエドガー・ライトが、脚本家ジョー・コーニッシュ★3と『アントマン』の草稿を書いたことから、映画化は動き出した。もともと原作のファンであったというライトは翌年、ケヴィン・ファイギに企画を提案。06年4月、マーベル・スタジオズはその最初の作品群の1本として、『アントマン』の製作を決定し、ライトと監督契約を結んだ。

本来は『アイアンマン』や『インクレディブル・ハルク』と同時期に公開される予定だった作品の製作開始は、延期に延期を重ねる。13年になってようやくプロダクションが動き出し、ポール・ラッドやマイケル・ダグラス、エヴァンジェリン・リリーらのキャスティングも固

★2　『スペースド』
1999～2001年にイギリスで放送されたテレビドラマ。エドガー・ライトが監督を務め、脚本はサイモン・ペグ、ジェシカ・スティーヴンソン、出演にサイモン・ペグ、ジェシカ・スティーヴンソン、ニック・フロストなど。邦題は『SPACED～俺たちルームシェアリング』。カップルのみ入居可の格安アパートに住むため、偽装結婚をする漫画家志望のオタク男と、ジャーナリスト志望の女が織りなすコメディ。

★3　ジョー・コーニッシュ
アダム・バクストンとコメディコンビを組み、テレビ、ラジオで活躍する傍ら、映画の脚本・監督業でも高い評価を獲得する。監督作品『アタック・ザ・ブロック』は、タランティーノが2011年のベスト映画に選出。2019年『The Kid Who Would Be King（原題）』が公開。

まった。『ショーン・オブ・ザ・デッド』[★4]（04年）や『ワールズ・エンド 酔っぱらいが世界を救う！』[★5]（13年）など、駄目な中年がハイテンションな騒動の末に成長する作品群で知られるようになったライトがいよいよ手がける『アントマン』に、ファンの期待は高まっていった。

しかし、翌14年5月、マーベル・スタジオズはエドガー・ライトの同作からの降板を発表した。ライトが離脱にいたった具体的な理由について、マーベル・スタジオズからは、「創造上の方向性の違い」という発表しかなされていない。ライトはもう少し言葉を費やして、「自分はマーベルの映画を作ろうとしたが、マーベルはエドガー・ライトの映画を作ろうとはしなかった」と説明。自作の脚本にスタジオ側が手を入れようとしたことが、降板の大きな理由であったことを後に明かしている。

スタジオからライトの側にどのような要求がなされたのかについても、具体的な事実を示す証言や資料はない。ひとついえるのは、ライトがようやく『アントマン』に本腰を入れようとしたとき、マーベル・スタジオズはその様相を大きく変えていたということだ。個々の作品間が繋がったシェアード・ユニバース構造が完全に出来上がっていた以上、そこはひとりの作家が完全に独立した映画を作れる環境ではない。

エドガー・ライトの作家性が、マーベル・スタジオズの求めるものと相容れなかったという理由も考えられなくはない。しかし、たとえば『ガーディアンズ・オブ・ギャラクシー』にはジェームズ・ガンの個性が色濃く出ていたし、そもそも明確なスタイルを持った監督を映画に

★4　『ショーン・オブ・ザ・デッド』
2004年・英／監督：エドガー・ライト／脚本：エドガー・ライト、サイモン・ペグ／出演：サイモン・ペグ、ニック・フロスト、ケイト・アシュフィールド。冴えない男とニートのふたりが、パブでゾンビと戦うコメディ。

★5　『ワールズ・エンド 酔っぱらいが世界を救う！』
2013年・英／監督：エドガー・ライト／脚本：エドガー・ライト、サイモン・ペグ／出演：サイモン・ペグ、ニック・フロスト、パディ・コンシダイン。元幼馴染み同士で再会した冴えない中年男たちが、パブをはしごしながら宇宙人と戦うコメディ。

合わせて選定することで、スタジオは成功を収めてきたはずだ。となれば、やはり独立した1本の作品ではなく、巨大なフランチャイズの一部としての映画を撮ることに、ライトが抵抗したと見るのが妥当ではないだろうか。

コミック対映画、スタジオ対作家

『アントマン』が製作された時期は、それまでにマーベル・スタジオズ内で少しずつ堆積してきた問題が、いよいよ表面化した時期でもあった。

ジョン・ファヴローが、『アイアンマン2』を最後にシリーズの監督から退いた件。『マイティ・ソー/ダーク・ワールド』からパティ・ジェンキンスが降板し、それを受けて監督に就任したアラン・テイラーもスタジオに対する不満を隠さなかったという事実。または、『アベンジャーズ』2作品の監督のみならず、マーベル作品全般のスーパーバイザーまで務めたジョス・ウェドンの離脱。

スタジオが作品の数を重ねるほどに、表に聞こえてくるようになった作り手との軋轢。その原因のひとつとして無視できないのは、マーベル・クリエイティヴ・コミッティなる組織の存在だ。

マーベル・エンターテインメントCEO、アイザック・パールムッター[★6]の直下に組織された委員会には、同社社長のアラン・ファイン[★7]、マーベル・コミックス編集長ダン・バックリー[★8]、

★6 アイザック・パールムッター
略歴は「アイアンマン」の項参照。アイクはドナルド・トランプとの密接な関係も取り沙汰されており、2016年の大統領選挙ではトランプに100万ドルの寄付を行った他、トランプのアドバイザーも務めた。ファイギいわく、パールムッターは「ジェームス・ローズ役がテレンス・ハワードからドン・チードルに変わったって、肌が黒いし気づきやしない」と発言していたと述べ、「多様性の重要性をまったく理解せず、金儲けしか頭にない人間」と批判した。

★7 アラン・ファイン
アイクが買収したコレコ・トイズのマーケティング部副部長を務めたあと、マーベル提携下のトイビズのCEOとなる。2009年よりマーベル・エンターテインメントCEOに就任。

★8 ダン・バックリー

チーフ・クリエイティヴ・オフィサーのジョー・カザーダ、そして作家のブライアン・マイケル・ベンディスというメンバーが集められ、スタジオが製作する映画作品に対して、さまざまな監修を行ったといわれている。委員会からは、コミックとの整合性に関する細かな指摘や、ときには脚本の修正指示までもが現場へのメモとして届けられた。コミッティのメンバーは、それぞれに本業を持っていたためにその指示は遅く、しばしば製作の現場に混乱を招いた。エドガー・ライトが『アントマン』からの降板を決めた背景にも、このコミッティからのメモがあったといわれている。

マーベル・コミックスが過去数十年間にわたって築き上げた巨大な世界を、映画というメディアの上に再現しようという試み。そのうえで、実写化作品がオリジナルの世界観から逸脱しないようにコントロールを行うという、クリエイティヴ・コミッティの目的自体は理解ができるものだ。それに、ベンディスやカザーダらは、自身が優れたコミックの書き手でもある。しかし、コミックと映画の作法は明らかに異なるもので、いずれこの委員会がマーベル・スタジオズにとって製作の障壁以外の何ものでもなくなっていくのは自明の理といえた。

映画の脚本やキャラクターの扱いだけに留まらず、コミッティは『ガーディアンズ・オブ・ギャラクシー』のサウンドトラックにも口を出している。70年代のヒット曲が作品にそぐわないと判断したのか、または楽曲の使用料を節約しようとしたのか、それは定かではない。確かなのは、物言いをつけられてフラストレーションを溜めたジェームズ・ガンが、委員会を指し

1990年にマーベル・エンタープライズに入社。米国外でのコミックス出版に関する部門などを担当。一時マーベルを離れるも2003年に復帰し、編集長となる。その後映像などにも担当分野を広げ、2017年にマーベル・エンターテインメントの社長に就任。

て、「コミック屋と玩具屋のグループ」と呼んだことだけだ。
クリエイティヴ・コミッティに代表されるマーベル・コミックスと、その映画製作部門であるマーベル・スタジオズ。後者の代表であるケヴィン・ファイギは、両者の確執のなかで神経をすり減らしてきたひとりだった。『アントマン』が公開された翌月の15年8月、マーベル・スタジオズに大きな組織の変更が起きる。それまでアイザック・パールムッターの部下として働いてきたファイギがその指揮下を離れ、マーベル・エンターテインメントの親会社であるウォルト・ディズニー・カンパニーのＣＥＯ、アラン・ホーン★9に直接レポートすることになったと発表されたのだ。

マーベル・スタジオズ設立以来続いてきたといわれているパールムッターとファイギの軋轢だが、両者が袂《たもと》を分かつ契機となったのは、『アントマン』に引き続く最新作『シビル・ウォー／キャプテン・アメリカ』だった。かつてマーベル・コミックス社員に、一度使ったポスト・イットを裏返して再利用するよう厳命したというほど、徹底したコスト管理で知られるパールムッター。キャプテン・アメリカとアイアンマンが激突する最新作の企画に、このＣＥＯは難色を示し、出演料の高いロバート・ダウニー・Jr.を物語から外すよう指示した。もちろんファイギが従うはずもなく、ふたりの対立はこれで決定的なものとなった。もはや会社からの離脱も辞さない構えであったファイギに対して、とうとうディズニー側が動き、マーベル・スタジオズからのパールムッターの排除が決まった。

★9　アラン・ホーン
20世紀フォックスを経て、1987年に『グリーンマイル』『ア・フュー・グッドメン』といった作品で知られる、映画製作会社キャッスル・ロック・エンターテインメントをロブ・ライナーらと共同で設立。1999年よりワーナー・ブラザーズの社長に就任し、『ハリー・ポッター』『ダークナイト』シリーズを成功させた2012年よりウォルト・ディズニー・スタジオズの会長となる。2018年には、ジェームズ・ガンをツイッター上での発言を理由に、一時『ガーディアンズ・オブ・ギャラクシー3』の監督から解任する決定を下した。

　この人事変更のあと、ほどなくしてマーベル・クリエイティヴ・コミッティも解散。スタジオの映画製作にさまざまな影響を与えてきた体制がこれで大きく変わった。『アントマン』に続くMCUのフェイズ3から、この変化がもたらした影響が少しずつ顔を出していくことになる。

PHASE 3

2016-2019

シビル・ウォー/キャプテン・アメリカ
CAPTAIN AMERICA: CIVIL WAR

ドクター・ストレンジ
DOCTOR STRANGE

ガーディアンズ・オブ・ギャラクシー：リミックス
GUARDIANS OF THE GALAXY VOL. 2

スパイダーマン：ホームカミング
SPIDER-MAN: HOMECOMING

マイティ・ソー バトルロイヤル
THOR: RAGNAROK

ブラックパンサー
BLACK PANTHER

アベンジャーズ/インフィニティ・ウォー
AVENGERS: INFINITY WAR

アントマン＆ワスプ
ANT-MAN AND THE WASP

キャプテン・マーベル
CAPTAIN MARVEL

シビル・ウォー／キャプテン・アメリカ

正気が狂気に取って代わる

これは『アベンジャーズ2・5』？

前作『ウィンター・ソルジャー』で描かれた出来事から2年、『アベンジャーズ／エイジ・オブ・ウルトロン』から1年。ヒーローたちをいくつもの試練が襲ったフェイズ2は、激動のうちに幕を閉じたが、新章はさらに衝撃的な展開で幕を開ける。

ブラック・ウィドウとファルコン、スカーレット・ウィッチ（エリザベス・オルセン）をともない、ナイジェリアでの対テロ任務に出動するキャプテン・アメリカ。市街地で激しい戦闘が続くなか、主犯格であるヒドラの残党、クロス・ボーンズ[★1]の自爆攻撃を止めようとしたスカーレット・ウィッチがテレキネシス制御を誤り、その余波で一般市民を巻き添えにしてしまう。

この事件が契機となって、人知を超えた能力を持つスーパーヒーローたちを国連の管理下に置き、任意での行動を規制する「ソコヴィア協定[★2]」が提起される。協定案に名づけられたソコヴィアとは、『エイジ・オブ・ウルトロン』で消滅した国のことだ。

【作品情報】

2016年／監督：アンソニー・ルッソ、ジョー・ルッソ／出演：クリス・エヴァンス、ロバート・ダウニー・Jr.、スカーレット・ヨハンソン、セバスチャン・スタン、チャドウィック・ボーズマン、トム・ホランド、フランク・グリロ、ダニエル・ブリュール

★1　クロス・ボーンズ
本名は、ブロック・ラムロウ。1989年、『キャプテン・アメリカ』#359で初登場。ニューヨークのギャングとして名を上げたあと、犯罪者の養成学校で並外れた戦闘能力を身につけ、レッド・スカルの傭兵となり、キャプテン・アメリカの命を狙う。『エンドゲーム』でも出演が発表されている。

★2　ソコヴィア協定
これまでアベンジャーズは自らの判断で戦闘に参加していたが、これを国連の指示に従って活動させるための協定。コミック版『シビル・ウォー』でヒーローたちを

まさにその土地でヒーローたちの戦闘行為に巻き込まれ、命を落とした少年の母親から、自身の行動を責められたトニー・スターク＝アイアンマン。アベンジャーズを存続させるため、また自らのスーパーヒーローとしての責任を果たすためには、公権力への協力も必要だと、この協定に従うことを決める。しかし、S.H.I.E.L.D.の瓦解を最前線で目の当たりにして、権力そのものが簡単に腐敗することを身をもって知ったスティーブ・ロジャースは、恭順を拒む。スタークと同じく協定にサインすることを選択する者、またはヒーローとしての自由意志こそ守られるべきというロジャースに共感する者。この協定をめぐって、チームに分断が生まれてしまう。

キャプテン・アメリカの名をタイトルに冠した本作。しかし『シビル・ウォー』（＝内戦）というサブタイトルが示す通り、ここで描かれるのはアベンジャーズの分裂、そして崩壊だ。ブルース・バナーとソーを除くヒーローたちが顔を揃え、これでは来る『アベンジャーズ』第3部の前に挿入された『アベンジャーズ2・5』とでも呼ぶべき映画なのではないか、と思ってしまう。

ところが、映画が進むうちに、実はそういうわけではないことがわかってくる。これはあくまでキャプテン・アメリカについての映画で、そしてあろうことかその敵は、アイアンマンなのだ。

二分させた法律とは大きく異なっている。コミックで施行を求められた超人登録法は、ヒーロー活動を行うものの住所・氏名といった個人情報を公にしたうえで、アメリカ合衆国の管理の下、ヒーロー活動を行うというもの。平たくいえば、スパイダーマンの身分を暴いたうえで警察官にしようとする法律。

正気を失うヒーローたち

アベンジャーズの分断。その原因となったソコヴィア協定自体は、実のところ物語の基礎を作るための装置でしかない。これを起点に不運と誤解、そして悪意が積み重なり、事態は加速度的に悪化していく。

ソコヴィア協定への署名を拒否したために、行動を制限されることとなったキャプテン・アメリカ。だがそんな折、まさにその協定の調印式が行われていたウィーンの国連施設で爆破テロが起き、演説を行うはずだったアフリカの小国ワカンダ★3の国王、ティ・チャカが、この攻撃で命を奪われてしまう。父の亡骸にすがり、復讐を誓うワカンダの王子ティ・チャラ（チャドウィック・ボーズマン）。この男もまた超人的な体力を持ち、祖国が秘匿してきた超物質ヴィブラニウム★4製のスーツを身に纏《まと》うヒーロー、ブラックパンサーであった。

テロの主犯として国際指名手配された男の写真を目の前に、ロジャースは言葉を失う。そこに写っていたのは他でもない、2年前に姿を消した「ウィンター・ソルジャー」こと、旧友のジェームス・バーンズ、通称バッキーだった。かつてヒドラによって洗脳され、暗殺のための機械として使役されてきたウィンター・ソルジャー。しかし、ワシントンＤＣで繰り広げた激闘の最後に、そのなかにかろうじて残った人間性に触れたロジャースとしてみれば、この男が爆破テロの実行犯だと信じることはできなかった。その潜伏先と目されるブカレストに飛び、

★3　ワカンダ
アフリカの架空の国。『アイアンマン2』に映っている地図上では、ケニアのトゥルカナ湖の北あたりを指している。王政国家で、域内にはそれぞれ独自の慣習で暮らす6つの部族がいる。のちに製作された『ブラックパンサー』を監督したライアン・クーグラーは、レソト王国を参考にしたと述べている。実際の風景撮影は、南アフリカ、ザンビア、ウガンダで行われている。

★4　ヴィブラニウム
ダイヤモンド以上の硬度を持ちつつ軽量。受ける衝撃を吸収する作用を持つため、防具に非常に適した金属。原子力発電で用いられるウラン以上の燃料を発電することから、トニー・スタークのアーク・リアクターの動力源としても用いられている。

旧友への接触を試みるロジャース。だが警察も、そしてブラックパンサーも同じようにバッキーを追う。

映画ではこうして絶え間なく事件が起き、そのたびに激しい追跡劇が描かれる。キャプテン・アメリカを走らせるものは、間違いなく失われた親友への思慕であり、父を殺した男を追ってひた走るブラックパンサーの胸中には、言うまでもなく激しい復讐心が渦巻いている。スーパーヒーローの行動を規制するソコヴィア協定から始まった本作で、スティーブ・ロジャースも、ティ・チャラも、実はヒーローとしてではなく、個人としての動機で行動している。誰もが少しずつ正気を失っているし、それはいずれロジャースと決定的に対立することになるトニー・スタークについても同じことだ。

ソコヴィア協定とバッキーの処遇をめぐって分裂したアベンジャーズ。二派の正面衝突がいよいよ避けられないとなった局面で、スタークはニューヨークに向かう。クイーンズで活動する駆け出しのヒーロー、スパイダーマン＝ピーター・パーカー（トム・ホランド）を自軍に引き入れるのが、その目的だ。自己実現に燃える少年、パーカーは一も二もなくスタークの申し出を受ける。ここでのやり取りは確かに微笑ましいし、満を持してＭＣＵに登場したスパイダーマンを前に、思わず興奮もする。だがよくよく考えてみたい。トニー・スタークがソコヴィア協定への署名を決意した直接の原因は、自らの行動が年端もいかない少年の未来を奪ってしまったからではなかったか。そこから発した事態を収拾するために、まだ15歳の少年ヒーローを自軍に勧誘する。矛盾している。

だがそうした矛盾について考える余裕もないほど、なぜかスタークも追い詰められている。本作の脚本を書いたクリストファー・マルクスとスティーヴン・マクフィーリーが、「アイアンマンはキャプテン・アメリカに負けるわけにはいかなかった。だからスパイダーマンを自分の陣営に引き入れた」と、スタークのこの行動について解説してもいる。やはり誰もが正気を失っているというほかない。

もう少し冷静に考えてみよう。ソコヴィアの大惨事は、そもそもスターク自身の作ったウルトロンが引き起こしたことだ。善意から発した行為であるとはいえ、トニー・スターク本人に責任がないとは言い切れない。少なくとも協定への署名を他人に強制できる立場ではないことは明らかだ。また一方のスティーブ・ロジャースに関しても（国家やそれの運営している組織が完全に腐敗している事実を、さんざん目の当たりにしてきた背景があるにせよ）、自分のかつての親友が洗脳されて脅威になっている、という事実に判断を曇らされていないとはいい切れない。

それぞれの事情で完全に追い詰められた彼らに対して、協定を押し付ける体制側の尖兵が、またろくでもない。サンダーボルト・ロス将軍。かつて『インクレディブル・ハルク』の劇中で、緑の巨人憎さのあまりアボミネーションという怪物を自ら作りだした男。その結果、ニューヨークのハーレムを壊滅させた、まさに張本人である。その後どう立ち回って汚名をすすいだのかは知らないが、脛《すね》に傷持つ人物であることは間違いない。

そんな人間にいかなるルールを押し付けられたとしても、ヒーローたちはまずその正当性を疑うことはできたはずだ。けれども、それを誰も言わない。もっともらしい理由をつけてルールに従ったり、ないしは頭ごなしにそれを否定してみたりする。もう少し真面目に考えて話し合えば済むことなのではないかと思ってしまうが、そうした議論は物語の進行上、彼らには許されていないようにさえ見える。

メイン・イベントと見せかけて

ともあれ、アベンジャーズ二派が退《の》っ引《ぴ》きならない状況に追い込まれて、ついに激突する。シベリアに秘匿されているという「ウィンター・ソルジャー」の群れを撃破するために、彼《か》の地に向かおうとするキャプテン・アメリカとバッキー、ファルコン、ホークアイ、スカーレット・ウィッチとアントマン。今やアウトローとなった彼らを迎え撃つアイアンマンとブラックパンサー、ウォー・マシーン、ブラック・ウィドウ、ヴィジョンとスパイダーマン。昼日中の空港を舞台に、6人対6人のスーパーヒーローが激闘を繰り広げる、にわかに信じがたい光景が展開する。映画の公開前から、「チーム・キャップとチーム・アイアンマンが全面対決！」と煽りに煽ったマーベル・スタジオズの宣伝文句は、決して嘘ではなかった（ファンの期待するものは何でも衒《てら》いなく見せ切ろうというマーベルの態度には、どこか恐ろしいものさえ感じる）。

本作で初登場を果たしたブラックパンサーとスパイダーマンをはじめとして、総勢12人のヒーローたちは、それぞれの特性を十二分に生かした見事なアクションを見せる。ひとつ前の映画で登場したばかりのアントマンなどは、ホークアイの矢にまたがって飛ぶという、コミックでおなじみのムーブ[★5]を見せ、さらには単独主演作の第2部で見せるとばかり思っていた巨大化まで披露する大盤振る舞いである。第2幕の最後に用意されたこのくだりには、それだけで観客を満足させるに十分以上の価値がある。

しかし、と、またここで考え込んでしまう。このあまりに派手なヒーロー同士の内戦は、実のところ物語上に大きな影響をおよぼすものではない。さまざまな事情から対立せざるをえなくなったとはいえ、どちらかに決定的な正義があるわけではない。何もお互い殺し合うわけにはいかないから、双方それなりに手加減をすることになる（当事者であるブラック・ウィドウやスカーレット・ウィッチが、まさにそのことに突っ込んではいるが）。異なる能力を持ったヒーローたちが相手を次々に変えて戦う、その流れるようなマッチメイクの妙に思わず画面に見入ってしまうが、これはこれで早い話がエキシビジョン・マッチのようなものなのだ。

作中に大挙して登場するヒーローたちのほとんどは、あくまでスティーブ・ロジャースが主役の物語に花を添えるゲストでしかない。やはりこれは『アベンジャーズ2・5』ではなく、キャプテン・アメリカの映画なのだ。とはいえ、彼らはそのひとりひとりが、それぞれに与え

★5　コミックでおなじみのムーブ
『アベンジャーズ』＃223では、この場面をエド・ハニガンがカバーアートに描いている。

られた役割を十二分に演じている。

たとえば、アントマンとスパイダーマンは、どこか緊張感のない素人のヒーローとして、シリアスな場面でも常に軽口を叩き続けて観客を楽しませる（それはまた、ついこの間まで一般人として暮らしていた彼らなりの、あまりに異常な状況へのひとつの対応の仕方ではあるのだが）。またはスカーレット・ウィッチやヴィジョンは、得体の知れない存在として、人間社会への適応に苦慮していたりもする。

登場人物の誰もが、各々に割り振られた決して多くはない時間のほとんどで動き回り、セリフよりもアクションでキャラクター性を見せる。本作の時点では史上最多のスーパーヒーローを登場させて、彼らを誰ひとり無駄にしない監督兄弟、脚本家コンビの手腕は見事なものだ。

激しいアクションでごまかされてる？

アンソニー・ルッソとジョー・ルッソの監督兄弟も、ファンサービスと認めるヒーロー12人の大乱闘が終わると、また物語の焦点はスティーブ・ロジャースとバッキー、トニー・スタークとティ・チャラに絞られていく。この時点ではすでに、彼らの対立を画策していた者の存在が明らかになっている。ヘルムート・ジモ。★6 ソコヴィアの戦いに巻き込まれ、家族を奪われた男。愛する者をすべて失い、アベンジャーズに復讐を誓う。

これまでのマーベル映画に登場した悪役たちとは違って特殊能力を持たず、巨大な組織の後

★6　ヘルムート・ジモ
1973年『キャプテン・アメリカ』＃168で初登場。コミックの設定では、ナチスのトップ科学者で大量破壊兵器などを開発した、ハインリッヒ・ジモ（バロン・ジモ）の息子。キャプテン・アメリカによって父親が殺されたことを知り、復讐心をたぎらせる男。

ろ盾もなく、また強大な力を手に入れて世界征服を狙うわけでもない。その点では新しい形のヴィランといえたし、ひとり冷静に計画を進める姿には、従来とは別種の恐ろしさが感じられる。

トニー・スタークの両親を暗殺したのが、ウィンター・ソルジャーことバッキー・バーンズであったことがついに明かされる全篇のクライマックス。ロジャースがその事実を知りながら、隠蔽《いんぺい》していたと知り、ついにスタークは復讐心に飲み込まれて正気を失う。そこから、キャプテン・アメリカとバッキーVSアイアンマンの一大決闘がとうとう始まるわけだが、ここまでのお膳立てをすべて終えたジモは、その後の成り行きを見ることもなく、静かに姿を消す。このあたりの展開には、まるでサイコ・スリラーの趣があり、いよいよ追い詰められた主人公たちがある種自滅していく流れとともに、まったく神経をすり減らされる。

スーパーヒーロー同士の内戦、その結果としての決定的な断絶。観客の心を揺さぶる物語を、実に見事にまとめ切った……と書いて『シビル・ウォー』の項を終わりにしたいところだが、実はこの作品にも問題がないわけではない。

ヘルムート・ジモの計画は確かに戦慄《せんりつ》すべきものだが、一度冷静になってみれば、何をどう考えても理屈に合わない。いや理屈としては成り立つのかもしれないが、その恐るべき陰謀のそこかしこに、あまりに偶然に頼った部分が目につくのだ。

まず、バッキーに国連施設爆破の濡れ衣を着せ（その過程でワカンダ国王ティ・チャカを暗殺）、復讐に燃えるブラックパンサーにキャップらを追わせつつ、軍施設に収容。精神科医に化けてそこへ潜入すると、接触したバッキーを洗脳して、ふたたび殺人マシーンに仕立て上げる。その際に、わざわざベルリン市街地外れの送電線近くに、電波妨害装置を配置（自分は現場には行かず、職員に開梱《かいこん》させる）、施設の電源がすべて落ちたところで、正気を失ったバッキーを野に放ち、キャップ以下のヒーローたちと衝突させる……。

ひとつ歯車が狂えば瓦解する計画といえるし、あるいは最終的にシベリアの基地にロジャース、バッキー、スタークを配置して、その場でスタークの両親暗殺の秘密を暴露すれば、それだけで成功した計画ともいえる。

映画は要所要所に激しいアクションを配置しつつめまぐるしく展開するから、こうした作劇上の無理にはなかなか目がいかない。が、興奮が冷めるにつれて少しずつ疑問が湧いてくる。アベンジャーズの分裂、およびキャプテン・アメリカとアイアンマンの決裂という結論ありきで、そこへ向けて物語が作られていたのではないか、とどうしても考えてしまう。

「コラテラル・ダメージ」問題は本当にあるか？

本作に関して、もうひとつ腑《ふ》に落ちない点がある。冒頭で示された、スーパーヒーローが悪と戦うたびに、二次被害が発生するという問題[★7]（コラテラル・ダメージ）だ。ヘルムート・ジモがそうであったように、ヒーローが存在するがためにまた悪も生まれる問題、と言い換える

★7　二次被害が発生するという問題
『エイジ・オブ・ウルトロン』のソコヴィアでは、177人の死者が出た。あれだけの規模の戦闘にしては、少ない被害者ですんだのではと思えてならない。というのも、コミックの『シビル・ウォー』では、若手のヒーローグループ、ニュー・ウォリアーズが調子に乗った行動をしたせいで、ニトロに引火させ、戦闘現場付近の小学生600人の命を奪ってしまっている。

こともできるだろう。そうしたスーパーヒーロー・パラドックスとでも呼ぶべき命題が、『シビル・ウォー』の根底にはある。

けれどもその命題に、作中で何かしらの結論が提示されることはない。1本の映画で答えられる問いではないのかもしれないが、たとえばソコヴィア協定は本作以降のマーベル映画作品では背景設定として語られるのみで、発端となった議論は結局棚上げにされている。

そもそも、この「一般市民の犠牲を顧《かえり》みないヒーローたち」という前提自体が、実はここまでのマーベル映画を観ている限りでは、あまり説得力のないものではある。

脚本家マクフィーリーに言わせれば、アメコミ映画……というかマーベル・スタジオズ作品のほとんどは、「第3幕で派手に戦って、いつも市民を巻き添えにする」のだという。世の中には無数の一般市民が日々それぞれに生活を営んでいるわけで、いかに世界を救うためとはいえ、大都市のど真ん中で辺り構わず大破壊を繰り広げるのは、いくら何でも無責任なのではないか、と。だが果たして、MCU作品においてその疑問は本当に有効なものだろうか？

たとえば12年の『アベンジャーズ』を思い出してみたい。ニューヨークを襲った邪神ロキと異星人チタウリの大軍勢と、ヒーローたちは激戦を繰り広げながら、その合間合間に一般市民を必死で救っていた。続篇『エイジ・オブ・ウルトロン』にしても同じことだ。ここでもキャプテン・アメリカ以下のチームは、空中に浮いたソコヴィアの都市から、ひとりでも多くの市民を救出するべくぎりぎりの悪あがきを見せている。そうした場面が印象に残っているからこそ、一般市民の犠牲を顧みないスーパーヒーロー、という前提にはどうしても乗り切れないところがあるのだ。

キャラに感情移入してしまうMCUの魔力

これまでに挙げたいくつかの問題もありながら、このMCU13番目の作品が、どこか映画を観るという行為以上の感慨をこちらに与えてくれることも、また事実だ。これまでに付き合ってきたキャラクターたちの人生、または彼らの関係が壊れていく様を目の当たりにして、観客はどうにも心を引き裂かれるような思いを抱かずにはいられない。

また、そうして画面上の出来事に大いにショックを受けながら、そこは自分たちの努力でもって納得しようと思ってしまう。ある程度不条理なことも飲み込む態度というものが、観ているこちらのなかに自然に出来上がっているのではないか。よく知る者同士の仲違《なかたが》いを目の当たりにして、第三者であるこちらまでもがなぜか傷つく。現実においてもままあることだが、考えてみればどうしてそうなった、とは聞かない。多くの場合、その不条理な成り行きを見ながら何もできず、ただ心を痛めるのみだ。

そしてそう思わされることこそが、まさにMCUの特殊性なのではないかと思う。フィクションの登場人物という域を超えて、彼らを観客である自分が生きている世界の延長線上の、もはや生身の人間として捉えている。だから多少理屈に合わないことをしても、それは各登場人物に固有の問題として受け入れてしまうのかもしれない。

トニー・スタークのことを今一度考えてみる。もともと人格的に問題がないとは決して言い切れない男がヒーローとして立ち、その後も独自の正義感や責任感に駆られて、毎度ろくでもない騒動の発端を作る。だが、観客の側はそうした習性も含めて、それがスタークという男なのだし、と納得する。

スティーブ・ロジャースに対しても同じことだ。今まで個人の自由や信条と、国家の安全の板挟みになりつつ、真面目に生きてきたキャプテン・アメリカが、今は友情のために明らかに衝動的な行動を取るようになる。この人はどうしてしまったのかと思いながらも、70年前に生き別れた兄弟のような存在なのだから無理もない……と、やはり見ているこちらは納得することになる。

これまでの娯楽映画において、観客がこうも能動的に登場人物の心境を慮《おもんぱか》ることがあっただろうかと思う。ＭＣＵというスクリーンのなかの世界を、観客は登場人物と一緒に生きている。そう考えるしかない状況が出来上がっている。

ドクター・ストレンジ

マーベル公認のドラッグ・ムービー

「未知の次元」という舞台

2015年の『アントマン』は、『アベンジャーズ／エイジ・オブ・ウルトロン』後の気楽な息抜き映画ではあったたが、実はマーベル映画世界に極めて重要な変化をもたらす作品でもあった。全篇のクライマックスで、主人公が極小化して飛び込んだ量子世界。時間や空間が意味を持たないこの未知の次元を導入することで、マーベル映画はその舞台を広げ始めた。

翌年の『ドクター・ストレンジ』は、作品世界に物理を超えた次元がさらに存在することを明かし、このアイディアをさらに拡張する。見えない世界を知覚して、世界を広げること。それが本作のマーベル・シネマティック・ユニバースにおける役割だ。またそれは、映画の主人公が、スーパーヒーローとなる道程のなかで求められることでもある。

天才的な技術を持つ脳外科医、スティーヴン・ストレンジ。高慢で尊大、独善的で、自らの名声を高めることに繋がらないただの手術は、他の凡人にさせておけばよいという問題人物だ。だが、ある日自動車事故を起こし、外科医として何よりも大切な両手の神経に重大な損傷

【作品情報】

2016年／監督:スコット・デリクソン／出演:ベネディクト・カンバーバッチ、キウェテル・イジョフォー、レイチェル・マクアダムス、ベネディクト・ウォン、ベンジャミン・ブラット、スコット・アドキンス、マッツ・ミケルセン、ティルダ・スウィントン

を負う。財産をなげうって治療法を探すが、すべては徒労に終わり、ついに街で聞いた噂を頼りにネパールはカトマンズに向かう。カマー・タージ★1と呼ばれる修行場にたどり着いたストレンジは、魔術師エンシェント・ワン★2に出会い、やがて常識を超えた魔術を身につけることになる。

サイケデリック・ヒーロー

ドクター・ストレンジは1963年7月、マーベル・コミックスに初登場したキャラクターだ。「スパイダーマン」も手がけたアーティストのスティーヴ・ディッコ★3が創作、『ストレンジ・テイルズ』誌110号の埋め草として始まっている。

魔術師が不可思議な力を用いて人々を助けるというもともとのコンセプト自体は、当時においても決して新しいものではなかったが、当初ストーリーを書いていたスタン・リーがシリーズを離れて、ディッコが原作・作画の両面を担当するようになるうち、作品はその様相を大きく変えることになる。

やがてストレンジの冒険は現世を離れ、さまざまな色と形が無秩序に絡み合う形容しがたい異次元空間へとその舞台を移していく。天地の区別も大きさの概念もなく、ついには人物のなかに宇宙が広がる。ディッコが「ドクター・ストレンジ」で提示したサイケデリックなイメージは、当時のドラッグ・カルチャーに大きな影響を与えている（ディッコ自身は、思想家アイ

★1 カマー・タージ
ヒマラヤの高地にある、魔術師たちが住む隠された土地。

★2 エンシェント・ワン
1963年、『ストレンジ・テイルズ』#110で初登場。カマー・タージで500年以上前に生まれたといわれる。

★3 スティーヴ・ディッコ
1955年から、マーベル・コミックスの前身アトラス・コミックスで仕事を始める。1962年には、スタン・リーとともにスパイダーマンを創造する。しかし1967年、スタン・リーとの意見の対立による不和により、マーベルを去る。

スティーヴ・ディッコによるサイケデリックなイラストレーション。これはコミックの原画をもとに、暗闇でサイケに光るポスター用にトリミングされたもの。

ン・ランドを信奉する保守主義者で、生涯を通してドラッグには触れたことさえなかったというが）。

80年代から何度も映画化が試みられていた『ドクター・ストレンジ』。その映画化権はさまざまな会社を転々とし、また、ウェス・クレイヴン[★4]からギレルモ・デル・トロまで、多くの作り手が興味を示しながら、結局形になることはなかった。09年にはマーベル・スタジオズが改めて映画化に着手。脚本家のチームを集め、一般的な認知度の低いスーパーヒーロー・キャラクターの実写化企画を模索するプロジェクトの一環として始動している。13年にはケヴィン・ファイギが同作の製作を正式に発表。ピクサーの長篇アニメーション『メリダとおそろしの森』（12年）のマーク・アンドリュース[★5]、17年に『ダーク

★4　ウェス・クレイブン
『エルム街の悪夢』『スクリーム』などのホラー映画で知られる映画監督。DCコミックスのアンチヒーローを映画化した『怪人スワンプ・シング 影のヒーロー』も有名。

★5　マーク・アンドリュース
ピクサーの社員映画監督。『アイアン・ジャイアント』『Mr.インクレディブル』など、ブラッド・バード監督作品にストーリー・ライターとして参加することが多い。また、サム・ライミ版『スパイダーマン』でも、ストーリーボード・アーティストを務めた。

タワー』を撮ることになるニコライ・アーセル[★6]、そしてスコット・デリクソンらの名前が監督候補として挙がっていた。

最終的に監督の仕事を得ることになったデリクソンは、ホラー・ジャンル出身で、『ヘルレイザー　ゲート・オブ・インフェルノ』[★7]（00年、全米ではビデオスルー）で監督デビュー。悪魔祓《ばら》いの実話を基にした『エミリー・ローズ』[★8]（05年）、イーサン・ホーク主演の超自然ホラー『フッテージ』[★9]（12年）などをヒットさせ、実績を積んできた。

『ドクター・ストレンジ』の監督就任までに、デリクソンはマーベル・スタジオズと8回の面接を繰り返した。最終的に行った90分のプレゼンにあたっては、劇中病院で繰り広げられるアクション場面を描いた12ページのスクリプトと、絵コンテ、アニマティックス（場面の構成を簡易的に映像化した検討用資料）を自費で用意。超自然的で非現実的、幻想的な原作コミックへの愛着あってのことだった。主演のベネディクト・カンバーバッチは、企画が動き出した当初から常に第1候補で、本人も大いに乗り気だったが、なかなか体が空かなかった。最終的には、ケヴィン・ファイギがカンバーバッチのスケジュールに合わせて公開日程を変更。ようやく映画の実現に漕ぎ着けた。

多元宇宙へアシッド・トリップ

ありあまる才能を持ちながら、人間性に明らかな問題を抱える主人公。身体に損傷を負う

★6　ニコライ・アーセル
デンマーク出身の映画監督・脚本家。DCコミックスの大人向けレーベル、ヴァーティゴより出版されている『ファーブルズ』を映画監督すると発表されている。

★7　『ヘルレイザー　ゲート・オブ・インフェルノ』
2000年・米／監督：スコット・デリクソン／脚本：ポール・ハリス・ボードマン、スコット・デリクソン／出演：クレイグ・シェイファー、ダグ・ブラッドレイ。魔導師ピンヘッドが登場する『ヘルレイザー』シリーズの5作目。「同じ苦痛を永劫に味わう」という『ドクター・ストレンジ』のクライマックスでの題材が、こちらでも登場している。

★8　『エミリー・ローズ』
2005年・米／監督：スコット・デリクソン／脚本：ポール・ハリス・ボードマン、スコット・デリクソン／出演：ジェニファー・カーペンター、ローラ・リニー

が、引き換えに超人的な能力を手に入れる。基本的には『アイアンマン』と同種のスーパーヒーロー誕生物語である映画版『ドクター・ストレンジ』だが、スティーヴ・ディッコによる原作の奇想天外なイメージを全力で再現することで、新しさを獲得している。

　魔術師エンシェント・ワン（ティルダ・スウィントン）によって現世から叩き出され、多元宇宙へ意識を飛ばされるストレンジ。その精神は肉体を離れて、ねじれた万華鏡のような時空のなかを超高速で飛ばされていく。人間としての形が崩れ、手の指先からまた手が生え、そこからまた無数の手が生えてくる。何度も消し飛んではまた再構成されながら、ストレンジの精神体は極小から極大、または大きさの概念さえないいくつもの宇宙を垣間見る。

　それまで物質主義に凝り固まって、魔術師エンシェント・ワンに対しても懐疑的な態度を丸出しにしていたストレンジが、この想像を絶する旅を終えるや否や「弟子にしてください！」と懇願するあたりがおかしいが、主人公が思わず掌を返すのも無理もないビジュアル・ショックがこの場面にはある。

　マーベル・スタジオズ作品は『マイティ・ソー』以降、常に3D映画としても公開されるが、場合によってはさほどの立体効果が上がっていないこともある（撮影後に2D画面を加工しているため、どうしても限界があるのだ）。しかし本作の、特にこのストレンジの多元宇宙めぐりの場面に関しては、3D変換が最大限の効果を上げている。画面サイズがさらに天地に広がったIMAX 3D版で観た際には、いっそ目眩《めまい》がしたことだ。このアシッド・トリップ★10

ー。11か月間にわたってカトリック教会による拷問的な悪魔払いの儀式、エクソシズムを受けた結果、命を落としたアンネリーゼ・ミシェルをモデルにした映画。

★9 『フッテージ』 2012年・米／監督：スコット・デリクソン／脚本：スコット・デリクソン、C・ロバート・カーギル／出演：イーサン・ホーク、ジュリエット・ライランス、フレッド・ダルトン・トンプソン。未解決事件のノンフィクションを執筆するため、事件現場となった家に引っ越すライターに降りかかる恐怖を描く。

★10 アシッド・トリップ LSDの名でも知られるドラッグによる幻覚体験。服用すると空間が歪んだように見え、色も極彩に強調される。ちなみにマーベル・コミックス／ドラマ『ランナウェイズ』には、L.S.Dことカロリーナ・ディーンというキャラクターが登場する。宇宙人と地球はたった3分の短いものだが、ここだけあと10分長くてもよかったと思う。

ドクターであるというアイデンティティ

映画はそれからストレンジの魔術師修行を描く。身体と道具を使った訓練と並行して、主人公がカマー・タージに所蔵された書物を読破し、知識を身につけていく過程がまた新しい。ストレンジは誰かから「ミスター」と呼ばれても、「ドクター・ストレンジ」と訂正する。医者であることがアイデンティティなのだ。だから本を読んで勉強する、という基本を疎《おろそ》かにしない。

監督デリクソンが、あえて尺を切り詰めたという短い修行のくだりを経て、いよいよドクター・ストレンジは魔術師としての一歩を踏み出す。当然その眼前には、今回の悪役が立ち塞がる。かつてエンシェント・ワンの弟子だったが袂を分かち、今では暗黒魔術を操るカエシリウス★11（マッツ・ミケルセン）。覚えたばかりの魔術を駆使し、意思を持った空飛ぶマント★12の加勢も得ながらその軍勢と戦うストレンジだが、暴力でもって事態を解決することには嫌悪感を隠さない。ヒポクラテスの誓い★13を守る医者として、やはり人の生命を奪うのは耐えがたいことなのだ。このあたりは割とカジュアルに敵を殺して涼しい顔をしているアイアンマンやソーとは違うところで、新しいヒーローのキャラクターを立てようとするスタジオの努力が垣間見える。

人のミックスである彼女は普段は人型だが、虹色の光のような姿が本来。

★11 カエシリウス
1963年の『ストレンジ・テイルズ』#130で初登場して以降、1982年にチラッと出たきりのキャラクターだった。映画ではエンシェント・ワンの弟子であり、スティーヴンと軽快なやりとりをしたモルド（キウェテル・イジョフォー）だったが、コミックではヴィランであり、カエシリウスはそのモルドの弟子にあたる。

★12 空飛ぶマント
“Cloak of Levitation”と呼ばれている、魔力でさまざまなことができるマント。亜高速で空を飛ぶ他、攻撃の防御、他の衣服への変形など、機能はさまざま。大きさも変えることができ、最大で銀河系大になったこともあった。

★13 ヒポクラテスの誓い

そうした新しさの追求は、映画の最後まで持続する。悪役カエシリウスとの決戦が描かれるクライマックスは、香港が舞台だ。都市の上空に暗黒次元へのポータルが開き、そこから出現した未知の力が地球を脅かす。ここまでは『アベンジャーズ』でも見た（それ以降のＭＣＵ以外の映画でもよく見た）光景ではある。が、新しいのはここからだ。

いつも通りに街が破壊されたあとは、ヴィランとの肉弾戦があり、これを倒してポータルを閉じる、という展開かと思いきやそうではない。ストレンジの武器は、「アガモットの目」★14と呼ばれる聖遺物だ。実はインフィニティ・ストーンのひとつ、タイム・ストーンであるアガモットの目。その時間を操る能力を駆使して、破壊や死を元に戻しながらカエシリウスと戦う。

治す医者、というコンセプトがやはりここでもうまく生きている。そういえば、ここまでのマーベル映画では、もうひとつその効果効能がはっきりと語られず、ヒーローや悪役が追い求めるマクガフィン（物語を先に進めるために用意された、実は何にでも取り換え可能な道具）として使われてきたインフィニティ・ストーンを、主人公が能動的に使いこなすのもこれが初めてのことだ。

捻りのあるオフビートな結末

使い尽くされつつあるおなじみのパターンを引っ繰り返す展開は、まだ続く。眼前の敵との

医学の父、ヒポクラテスが残したといわれている、患者の生命保護など医師の倫理が記された宣誓文。現在、世界のほぼすべての医学校の卒業式で宣誓されている。

★14　アガモットの目
インフィニティ・ストーンのひとつ、時を操る力が宿っているタイムストーンが埋め込まれている。アガモットとは、紀元前100万年ほど、オーディンなど古代の神が誕生したころに産み落とされた超自然的な存在。アガモット、オシュター、ホゴスの3人が三位一体となった存在が、映画でも名前のみ登場する「ヴィシャンティの魔術書」のヴィシャンティ。

戦いもそこそこに、都市上空のポータルに飛び込むストレンジ。これもまた多元宇宙のひとつである暗黒次元には、時間の概念が存在しない。カエシリウスの目的は、この異次元を現出させて、世界から時間そのものの概念を消滅させようというものだった。暗黒次元の支配者である生命体、ドルマムゥ★15との最終決戦にストレンジが挑む。

あまりにも巨大で、その形さえはっきりしないドルマムゥ。そもそも有効な戦い方さえ存在するのかもわからない敵に対して、ストレンジはある取引を申し出るが、いっさい歯牙《しが》にかけられることもなく叩き殺される。しかし、ストレンジは死の直前まで時間を巻き戻し、再度ドルマムゥの眼前に現れる。するとまたすぐに殺されて、そしてまた現れる。何度となく焼かれ、叩き潰され、木端微塵にされても、必ず蘇り、同じ言葉を口にしながら帰ってくるストレンジ。永遠に繰り返される連環のなかに囚われたことに気づき、ついにドルマムゥは撤退を決める。

あまりに強大な大ボスをウンザリさせて撃退するというアイディア。いかにも捻《ひね》りの効いたオフビートな結末だが、よくよく考えればストレンジは何度も何度も死んでいる。ドルマムゥが永遠のループから抜け出すことを決めない限りは、ストレンジもまた永遠の苦しみを味わい続けることになるのだ。かつて外科医としてのプライドにすがり、失敗を何より恐れた男が、死という失敗を無数に繰り返すことを進んで受け入れる。自分を犠牲にして世界を救う決意。物語上の新しさとは相反して、『ドクター・ストレンジ』は極めて古典的なヒーローの誕生物

★15 ドルマムゥ
暗黒次元を支配するエネルギー生命体。1964年『ストレンジ・テイルズ』#126で登場して以来のドクター・ストレンジの宿敵。映画ではドクター・ストレンジ役のベネディクト・カンバーバッチが、一人二役でドルマムゥも演じている。「スティーヴンの持っていた自身の過去の尊大さに、自ら立ち向かうために自分で提案した」と、カンバーバッチは語っている。

語ではある。

そういえば暗黒次元から力を引き出していたカエシリウスは、ドルマムゥの撤退とともに消滅してしまう。マッツ・ミケルセンは素晴らしい俳優で、今回も比較的動機がボンヤリしていた悪役を、説得力をもって演じていたが、それでも結局は真の大ボスの前に使い捨てられてしまった。もったいない話である。

マーベルの「ホワイト・ウォッシュ」

最後にひとつ、『ドクター・ストレンジ』のキャスティングに関して巻き起こった、ある論争に触れておきたい。原作ではアジア系の老人として描かれたエンシェント・ワンだが、映画がこのキャラクターに白人女性のティルダ・スウィントンを配したことが、メディア上で大きく取り沙汰された。もともと有色人種に設定された人物を白人に演じさせる、「ホワイト・ウォッシュ」と呼ばれる行為は、人種の多様性を否定するものとして長らく問題視されてきた。

スウィントンをキャスティングしたことに対する批判に対して、スコット・デリクソンはアジア人差別の意図はない、と答えている。そもそも60年代初期の原作のほうが、エンシェント・ワンをいかにも東洋人的なステレオタイプで描いており、こうした定型からどう離れるかという試行錯誤の末に、性別や人種を感じさせないスウィントンを配役したのだ、と。

デリクソンの論点も理解できないではない。だがそれと同時に、マーベル映画においては人種の多様性が解決されるべき問題として残っていることも事実ではある。実際に、アジア系ヒーローはおろか、メインキャラクターも今のところいない。14本目のMCU作品は、フランチャイズにさまざまな新しさを持ち込んだが、それでもなお未開拓の地表はその先にまだまだ広がっている。

ガーディアンズ・オブ・ギャラクシー：リミックス

父の超克に執着するヒーロー

「父親の負の遺産を乗り越える」というテーマ

『ガーディアンズ・オブ・ギャラクシー：リミックス』（という邦題はしかし、やはり何とかならなかったのだろうか。そんな思いがいつまでも払拭できないので、本項では以下『Vol.2』と呼ばせていただく）。期待されざるゴロツキたちが、紛《まが》う方なきヒーロー・チームとして成長した第1部、その待望の続篇だ。

映画はガーディアンズ一行が宇宙のどこかの惑星で、不気味な巨大生物と戦いを繰り広げる場面から始まる。前作ではまだまだバラバラであった癖の強い面々が、今回は立派なチームワークを……特に見せるわけでもないオープニング。誰しも特に大きく成長しているわけでもなさそうなあたりが逆に頼もしい。

特に統率力があるわけでもなさそうなピーター・クイル。または世のため人のための任務中に窃盗を働くロケット・ラクーン。さらに前作で尊い自己犠牲を見せ、あれだけ観客の涙を搾り取ったグルートは、赤ん坊に退化して何の役にも立たない。誰も人間として進歩していな

【作品情報】

2017年／監督：ジェームズ・ガン／出演：クリス・プラット、ゾーイ・サルダナ、デイヴ・バウティスタ、(声)ブラッドリー・クーパー、(声)ヴィン・ディーゼル、カート・ラッセル、マイケル・ルーカー、ポム・クレメンティエフ、エリザベス・デビッキ

い。

しかし、ＭＣＵにおいて人間的に完成することは、人生の旅の終わりを意味する。そうすると、いつまでも続くべきマーベル映画の世界からは、お払い箱になるか、よくても脇役に甘んじるしかなくなる。だから問題がひとつ解決したとしても、また別の問題に直面させられることになるし、その過程で人間的には退化したりもする。考えてみれば観客の人生もそういうものかもしれないので、その意味ではＭＣＵには妙な現実味があるといえるかもしれない。

それぞれが軽口を叩きながら、好き勝手な行動を取りつつ、何だかんだで巨大生物を倒して任務は終了する。おなじみガーディアンズが帰ってきた……と思うけれども、映画にはどこか不穏な様子が漂う。

宇宙の平和を守るヒーローとして認められたはずの一行だが、美男美女だけで構成された優生思想の種族、ソヴリン★1からの仕事を請け負ったりしている（冒頭で怪物と戦っていたのはその仕事の一環であったというわけだ）。どうにも鼻持ちならないソヴリンの女王、アイーシャ★2に不遜な態度を取って咎められたりしつつ、無事報酬を受け取ってその場を去るチーム。しかし、ロケット・ラクーンがその資産（アニュラックス電池）を盗み出したために、一転して彼らから追われることになってしまう。ソヴリンの軍勢に追われて絶体絶命となったところを、一行は宇宙船に生身でまたがった妙な男に救われる。この髭面の男が何者かと思えば他でもない、ピーター・クイルの父親なのであった。

★1　ソヴリン
金ピカな肌をし、生殖することなく遺伝子設計で子孫を作り出す宇宙人。コミックでの登場はなく、設定、ビジュアル含めてＭＣＵがオリジナル。マーベル・コミックスのなかで最も強いキャラクターのひとりである、遺伝子設計によって誕生した人工生命体アダム・ウォーロックの存在が、ソヴリンのシーンで示唆された。

★2　アイーシャ
パラゴン、キスメットといった別名を持つアイーシャは、１９７７年『インクレディブル・ハルク・アニュアル』＃６で初登場を果たす。最初の登場では、人工生命体・パラゴンという名で現れ、ハルクと戦うが敗走し、繭のなかでより強い存在になるためにこもる。繭はアダム・ウォーロックの似姿となり孵化した。

ＭＣＵにはたびたび、主人公のろくでもない父親が登場する。ソーの父親オーディン、先代ブラックパンサーことティ・チャカ。あるいはサノスもそうだ。彼らに関しては、このあとの項で詳しく触れるとするが、どうもＭＣＵは父親の負の遺産をヒーローたちがいかに乗り越えるかというテーマを、何度も何度も執拗《しつよう》に繰り返している。

今回ガーディアンズの前に立ちはだかる敵は、生ける惑星エゴ。★3 カート・ラッセルの姿で現れるこの人は、主人公スター・ロードことピーター・クイルの実の父親で、そしてろくでなしの中のろくでなし、というか平たくいえば、クズ以外の何者でもない存在であった。

エピソードを積み重ねる変化球

『Vol.2』はどこかおかしな映画だ。作品にはわかりやすい一本道のプロットが、実は存在しない。映画が始まるなりチームはふたつに分かれ、それぞれのエピソードが並行して描かれることになる。30数年ぶりに再会を果たしたエゴに同行して、その母星（というか、その母星自体がエゴの本体なのでややこしいのだが）に向かうクイル、ガモーラとドラックス。ロケット・ラクーンとグルートは、ガーディアンズの宇宙船が不時着した惑星に残り、そこでヨンドゥ（マイケル・ルーカー）以下の宇宙海賊、ラヴェジャーズと再会して事を構える。

ガモーラは義妹ネビュラ（カレン・ギラン）からの急襲を受け、大喧嘩の末に和解するし（ところで何ごとも基本的に騒々しい本作にあって、エゴの母星で何かするでもなく黄昏《たそがれ》るガ

★3　エゴ
1966年『マイティ・ソー』#132で初登場。もともとは普通の惑星だったが、長い年月を経て惑星自体が知性を獲得した。"食事"のために、他の星をまるごと捕食する。

モーラを引きで捉えた画作りには、静かな詩情があって素晴らしい）、それと同時進行で、手下たちから謀反《むほん》を起こされたヨンドゥをロケットが慰めてみたりもする。加えてもちろん、ピーター・クイルと父親エゴの挿話も描かれる。

こうした散文的なエピソードの積み重ねは、初期〜中期マーベル映画にはなかったものだ。『ガーディアンズ』第1部にしても、パワー・ストーンなる超物質をめぐって、駆け出しのヒーローたちとジェネリック悪役が戦う、ごくシンプルな物語ではあった。そうしたテンプレート的な物語展開を、この『Vol.2』をはじめとするフェイズ3の作品群は、どこか意識的に捨てているように思える。紋切り型の構成を脱して、映画は色とりどりのキャラクターを描くことにひたすら注力する。

究極の「ろくでもない父親」

実体は巨大な惑星そのものであるエゴは、神にも等しい存在だ。ときおり中年男の姿を取り、自分自身の種子を伝播《でんぱ》させるために銀河系を渡り歩いている。映画のオープニングでは、そんなエゴとピーターの母メレディスが出会ったころが描かれる。

1980年のミズーリ州、田舎道を1台のスポーツカーが走る。若い男女が楽しげに歌う。曲はルッキング・グラスの「ブランディ（君は素敵な娘）」。美しい森のなかにたどり着き、そこで抱き合うふたりの足元では、どうも地球のものとは思えない不気味な植物が地面に根を張っている……。

この場面で、すでにエゴの不気味さは示されている。「ブランディ」の歌詞を少し引用してみよう。

ある夏の日に、そいつはやって来た
遠い遠い場所から、贈り物を持って
長居はできないぜ、とそいつははっきり言った
ひとつの港には留まれないと

ブランディ、君は素敵な娘だし
いい奥さんになるだろうが
愛しい人よ、俺の恋人は海だけなのさ
（著者訳）

早い話が、あちこちの港に女を作っては去っていく船乗りの歌なわけだが、エゴはこの「ブランディ」を引用して、自らの行動を正当化する。「ピーター、俺たちは船乗りなのさ」と言って憚らない主人公の父親。全能の存在である自分には、自らの遺伝子を世界中に広げる義務がある。だから、あちこちの港どころか宇宙のいたるところで女を見つけては、種をつけて

回ったのだと。
ピーター・クイルの母メレディスも、結局はそのひとりに過ぎなかったが、他の女たちと彼女にはひとつだけ違いがあった。エゴが生ませた無数の子どもたちのうち、父親の持つ特別な能力を受け継いでいたのはピーターだけだった。だからこそ前作で、常人なら触れただけで命を落とすパワー・ストーンを手にしても、生きていられたのだと。こうして自分の能力を受け継ぐ存在が、ようやく現れたことに安堵し、エゴは30年間放置していた息子に手を差し伸べたのである。

これだけでも外道と呼ぶほかない男だが、さらにこの生ける惑星は、ピーターの母メレディスを殺してさえいた。他の女たちとは違ってメレディスには多少本気になったエゴだったが、未練を断ち切るために彼女の脳に腫瘍を埋め込んで、地球を去ったのだ。ひとりの女にかまけていては、全宇宙に自分の種をまくという使命に支障が出るから、というのがその理由だった。まさに吐き気を催《もよお》す外道。

カート・ラッセルは、タランティーノの『デス・プルーフ』★4でも殺人鬼を演じていた。特注のスポーツカーに女を乗せ、事故に見せかけて殺害していたスタントマン・マイク。自らも重傷を負いつつ、衝突事故を起こすその瞬間にしか性的快楽を見出せないというから、完全に狂っていた。しかし、この筋金入りの変態が可愛く思えてくるほど、エゴは邪悪だ（またどちらの役柄も、ラッセルの男っぽい可愛げで多少魅力的に見えてしまうから、性質《たち》が悪い）。

★4『デス・プルーフ』
2007年・米／監督・脚本：クエンティン・タランティーノ／出演：カート・ラッセル、ヴァネッサ・フェルリト、ゾーイ・ベル。邦題は『デス・プルーフ in グラインドハウス』。タランティーノが、70年代のB級映画が上映される映画館「グラインドハウス」にオマージュを捧げて作られた。ストーリーのみならず、当時のフィルムの質感なども再現している。

家族への執着に対する居心地悪さ

『Vol.2』には、父と子の関係が人物と形を変えて、繰り返し出てくる。ピーターとエゴ、ガモーラ／ネビュラとサノスの関係は言うまでもない。かつてピーターを地球から攫《さら》い、義理の息子として育てたヨンドゥとの関係。またはヨンドゥとその元雇用主、スタカー・オゴルド★5（シルヴェスター・スタローン）も擬似的な父子関係といえる。父親に認められない息子の苦悩。息子に期待をかけて裏切られた父親の落胆。映画は父子の問題の周りを、常にぐるぐると回っている。

もともと『ガーディアンズ・オブ・ギャラクシー』は、その第1部からして家族についての映画ではあった。より正確には、「失われた」家族についての映画というべきだろう。主人公ピーター・クイルは幼くして母を失い、遠い宇宙へ連れ去られた。ガモーラは実の家族を殺したタイタン人サノスその人の手により、暗殺者として育てられた。ドラックスもまたロナンによって妻と子を奪われている。宇宙アライグマのロケットにいたっては、家族についての言及すらない。

誰もが孤独で家もなく、そればかりか喪失の深い傷を抱えて捨て鉢な人生を送っていた。人らしい（ないしアライグマらしい）思いやりもモラルも、あえて捨てるしかなかった彼らが、それぞれの、または自分自身の価値を認めることでひとつのチームを形作っていく。そこに

★5　スタカー・オゴルド
スタカーことスターホークは、1975年『ディフェンダーズ』#27よりコミックに登場。『ガーディアンズ3000』では、ガーディアンズ・オブ・ザ・ギャラクシーのメンバーに加わる。

『ガーディアンズ』第1部のドラマがあった。

構成員のなかでただひとり、悲しい過去が語られない＝最も安定した人格者としてあったグルートが、あまりに尊い自己犠牲を見せたことが、はみ出し者たちをチームとしてまとめあげる一因になったことは忘れてはならないだろう（これは『アベンジャーズ』におけるフィル・コールソンの死が、我の強いヒーローたちにエゴを捨てさせ、いよいよチームを決定的にまとめあげたことに似た話ではある。グルートもコールソンも、その後比較的すぐに生き返ってしまったという問題もよく似ている）。

ガーディアンズ・オブ・ギャラクシーは、結局はある種の擬似家族として機能している。スター・ロードを家長、ガモーラがその妻にしてチーム全員の母親。ドラックスとロケットは人格的な問題はあるものの愉快なおじさん、といったように。死んだはずのグルートはご丁寧に、みんなで面倒を見るべき赤ん坊のベイビー・グルートとして存在している。

この構図に何か形容しがたい居心地の悪さを感じるのは、間違ったことだろうか。家父長制度ばかりが人間関係ではない……という、考えてみれば当たり前だが、なかなか認めることが難しい問題を、『ガーディアンズ・オブ・ギャラクシー』第1部は提示していたのではなかったか。結局は家族を作ることに解決があるというのならば、それは後退というしかないのではないだろうか。

さらに後退と思えるのは、実の父親を名乗る男が出現した瞬間にクイルがまた悩み、迷い始めることだ。ガーディアンズを得ることで生みの母親の死さえ乗り越え、家族がいないという欠落感を克服したはずなのに、これでは前作で解決したはずの問題にまた立ち戻ってしまったことになる。

親はなくとも子は育つ、という。特に父親はなくとも、娘や息子は立派に成長するものではないか、と思う。しかも、ピーターの父たるエゴは、観客であるこちらでさえ、映画が始まってから比較的早い段階で気づくほどの人間のクズだ。ピーター・クイルもいろいろあって、結局は自分の父親が単なるクズ以下であったと悟って見切りをつけるわけだが、そう悟るまでの数十分は、果たして必要だったのだろうか。またはどんなにクズであっても、一度は尊敬の対象として捉えなければいけないということだろうか。だとしても、2時間数分しかない映画のなかで、すでに答えの出ている問題に観客は付き合わなければいけないのだろうか。

こうして何かとモヤモヤさせられる『Vol.2』だが、ひとつだけ間違いなくこちらの溜飲《りゅういん》を下げるくだりがある。それは、むなしい憧憬の念と郷愁の対象であった父親こそが、母を殺した張本人だと知り、この正真正銘のクズを何の躊躇もなく殺しにかかる場面だ。ここだけは間違いなく喝采に値する場面ではある。だが、思わず立ち上がって快哉《かいさい》を叫びながら、わかりきった結論にいたるまで、なぜこれほどの時間がかかったのか、という疑問を抱かずにはいられない。努めて前向きに解釈すれば、それでも実の父親という存在には、誰しも幻想を抱いてしまうものだということなのかもしれない。だが、前作で人間として、そして頼れるヒーローとして、いよいよ出来上がったはずの主人公が、さほど必要でもないドラマを無理に演じさせられている……そんなフラストレーションをどうしても感じてしまう。

この際、『アベンジャーズ／インフィニティ・ウォー』におけるガーディアンズ・オブ・ギャラクシーの話を、少しだけ先に書いておきたい。作品の最終盤、若いグルートはロケット・ラクーンの眼前で、木端微塵になって消えていく。その断末魔は、もちろん「アイ・アム・グルート……」だったが、この若木がいったい最期に本当は何と言っていたのかが、SNS上で話題になった。ジェームズ・ガンその人が質問に答え、グルートの最期の言葉は「お父さん」だった、と明かした。おそらく世のファンの多くが、これで滂沱《ぼうだ》の涙を流したことと思う。が、まずそうした解説を後づけで出すことについては、野暮ではないかといわざるをえない。それにどうも、ガンは擬似親子関係を泣かせの道具に使いすぎるのではないか、と少なからず感じたことだ。

ジェームズ・ガンへの性急すぎる処分

『Vol.2』の公開に先立つこと1か月、2017年4月にジェームズ・ガンは早くも第3部への続投を表明した。翌18年6月には、「心のすべてを込めて」とのメッセージ付きで、完成した脚本の表紙をTwitterにアップしている。さらなる続篇への期待が高まるなか、その翌月に事件が起こった。

ガン本人がかつて同じＳＮＳ上に残した、小児性愛やレイプ、９・11テロに関する〝ジョーク〟が浮上したのだ。これら08〜09年の発言を掘り返してネット上に晒《さら》し、「ハリウッドには小児性愛者のネットワークが存在する。許されない悪だ！」と煽ったのは、オルタナ右翼の活動家たちだった。彼らはドナルド・トランプ政権の熱烈な支持者で、以前にはワシントンのピザ・レストランを拠点に、ヒラリー・クリントンらの民主党議員たちが小児虐待の大規模なネットワークを築いている、との陰謀論を流布したことでも知られている（何ら根拠のないデタラメであったこの「ピザゲート」説は、後に該当のレストランで発砲事件が起きる事態にまで発展した）。近年のガンは、トランプへの批判をオープンに繰り広げるようになっていた。

ガンによる過去のツイートが問題になったのは、これが初めてのことではなく、12年には同じ発言について本人が公式に謝罪をしている。しかしにわかに再燃した騒動に対して、ウォルト・ディズニー・カンパニー側は極めて迅速な対応を見せた。この件が取り沙汰されるようになった直後、同社はガンを『ガーディアンズ・オブ・ギャラクシー Vol.3』の監督から解雇。ＣＥＯのアラン・ホーン自らが、「ジェームズ・ガンの発言はディズニーの価値観と相容れるものではなく、到底許容できないものである」と発表した。

ケヴィン・ファイギをも飛び越えての決定だった解雇からほどなくして、ガン自身が口を開いた。Twitter上に公開された声明には、問題の発言は自分がキャリアを始めたころにあえて扇情的に振る舞おうとして、完全に失敗した結果であることが書かれていた。仕事を通し、人間として成熟するほどに自分の行動を悔いてきたし、これからはより思慮深く、より良い人間になれるよう努力するしかない、とガンは続けている。内心に罪の意識や後悔を抱えたはみ出し者たちが、それぞれに過去を乗り越えてヒーローとなる過程を描いた『ガーディアンズ・オブ・ギャラクシー』。その物語とは相反して、現実は苦く皮肉な結末を迎えることになった。『Vol.3』の製作は、延期となっている。すでに完成した脚本が使われるかどうかも未定だという。解雇が決まった18年7月の末に、クリス・プラットをはじめとする9人のキャストは、ガンの復帰を願うメッセージを連名で発表したが、その後ディズニー側は決定を覆していない。ジェームズ・ガンの個性が色濃く反映されたシリーズが、今後、誰の手によって、どこに向かうのかが案じられる。

と、本項を締めくくろうと思ったが、驚くべきニュースが飛び込んできた。ジェームズ・ガンを『Vol.3』の監督として再雇用する決定を、ディズニー側が下したのだ。一説にはガンによる公式な謝罪に触れたホーンが、数回にわたる本人との話し合いを経て、解雇を撤回したという。突然の追放劇から9か月。失敗から立ち上がるヒーローという映画のテーマを地で行く決定に、世界中が湧いている。

スパイダーマン：ホームカミング

隣人のために、隣人だからこそ

"15歳"のピーター・パーカー

2002年のサム・ライミ★1監督作品『スパイダーマン』以来、蜘蛛に噛まれて超能力を身につけたティーンエイジャーの冒険は、二度にわたって語り直されている。ライミ版3部作が07年に終わり、12年にはマーク・ウェブ★2を監督に迎えた新フランチャイズ『アメイジング・スパイダーマン』が始まった。同作には続篇（14年）も作られて、世界中でヒットを飛ばす。

だが、3億ドルに達した製作費に対して、7億ドルの世界興収は、何とか損益分岐点をクリアしたに過ぎない成績で、製作・配給元であるソニー・ピクチャーズとしては、シリーズの行く末を考えざるをえない結果となってしまった。超大作映画が申し分のない大ヒットを記録するには、一般的に製作費の3倍の興行収入を稼がなくてはならないといわれている。

02年のライミ版『スパイダーマン』は、1・4億ドルの製作費で世界興収8・2億ドル。07年の同『3』が、2・6億ドルに対して8・9億ドルを稼ぎ出し、その意味では間違いなくヒットといえた。ソニーにとって、『スパイダーマン』シリーズは金のなる木だった

【作品情報】

2017年／監督:ジョン・ワッツ／出演:トム・ホランド、マイケル・キートン、ジョン・ファヴロー、ゼンデイヤ、ドナルド・グローヴァー、タイン・デイリー、ローラ・ハリアー、ジェイコブ・バタロン、マリサ・トメイ、ロバート・ダウニー・Jr.

★1　サム・ライミ　大学時代に、スプラッター映画の金字塔と名高い『死霊のはらわた』を自主製作で完成させる。後に『死霊のはらわた』の主人公・アッシュは、『Army of Darkness』というタイトルでコミック化され、『Marvel Zombies vs. The Army of Darkness』では、ゾンビと化したアベンジャーズの面々とアッシュが戦うことに。1990年の『ダークマン』は、ライミがキャラクターを考案したスーパーヒーロー映画。このとき、本来はバットマンの映画化をしたかったという。

が、高騰し続ける製作費の割に、会社が得られる利益は毎度減るばかりだった。

そうした理由で、『アメイジング・スパイダーマン』シリーズは第2作をもって終了、そこから分岐するスピンオフも含めて、ソニー・ピクチャーズが独自に構想していた一大「スパイダーマン」フランチャイズも（18年の『ヴェノム』★3を例外として）頓挫《とんざ》してしまう。とはいえ、5年に一度はスパイダーマン映画を作らなければならない理由が、ソニーにはあった。さもなければ、マーベル・エンターテインメントに映画化権を返却しなければならないからだ。

そんな状況にあって、自社製作でアメコミ・スーパーヒーロー映画を超ヒットさせ続けているマーベル・スタジオズと組むという選択肢は、悪いものではなかった。かくしてソニーは同社と映画化権をシェア、急転直下でスパイダーマンがMCUに合流することになったのだ。

いかにも生臭いビジネスの話題はいったん脇に置くとして、『シビル・ウォー／キャプテン・アメリカ』でMCUに初登場した新スパイダーマンには、それまでのシリーズにはなかった新鮮さがあった。ピーター・パーカーが若い！

ライミ版でパーカー役を務めたトビー・マグワイアは、第1作の当時すでに27歳、ウェブ版で主演したアンドリュー・ガーフィールドは、29歳。当然それぞれに申し分のない演技力を発揮して、実年齢より10歳以上若い高校生に扮しても違和感はなかった。が、3年ぶり三度目の映画化となる『スパイダーマン：ホームカミング』のトム・ホランドは、公開当時21歳。童顔や甲高い声、それに華奢《きゃしゃ》な肉体も相まって、高校1年生を演じるには間違いなく史上最も説得

★2 マーク・ウェブ
「マイ・ケミカル・ロマンス」、「グリーンデイ」といったパンク・エモバンドのミュージック・ビデオの監督を数多く手がけたのち、ラブロマンス映画『(500)日のサマー』で長篇映画デビュー。天才少女を男手ひとつで育てる叔父を描く『gifted／ギフテッド』では、主演にキャプテン・アメリカのクリス・エヴァンスを迎えた。

★3 『ヴェノム』
2018年・米／監督：ルーベン・フライシャー／脚本：スコット・ローゼンバーグ、ジェフ・ピンクナー、ケリー・マーセル／出演：トム・ハーディ、ミシェル・ウィリアムズ、リズ・アーメッド。ヴィランである黒いスパイダーマン「ヴェノム」を、スパイダーマン抜きで映画化。ケヴィン・ファイギは本作に対して「MCUと接続する計画はない」と明言したものの、プロデューサーのエイミー・パスカルは「MCUの付属物

力のある年齢といえた。

15歳のピーターにとって、不意に身につけた超能力は使ってみたくて仕方のないものだ。つまらない高校の授業を何とかやり過ごし、終業のベルが鳴るなり学校を飛び出して、いそいそとスパイダー・スーツを身につける。このいても立ってもいられない様子が、まるで買ったばかりの新しいゲームで遊びたいがために思わず走って帰る子どものようで、何とも微笑ましい。

超人ハルクやブラック・ウィドウらの例外を除いて、MCUのヒーローたちは自身の能力に関してあまり思い悩まず、それを肯定的に受け入れている。己の力を世のために役立てることに躊躇がないのだ。それは間違いなくいいことだといえるが、スパイダーマンの多幸感は並みいる超人たちのなかでも群を抜いている。

「ただ人助けをするヒーロー」のありがたさ

ピーター・パーカーが世界にただひとりのヒーローとして、何から何まで背負わざるをえなかった旧シリーズとは違い、MCUにはもうすでに超人兵士や鋼鉄のスーツを着た億万長者、スーパー・スパイに合成人間、それに神までもがひしめき合っている。そんな世界でスーパーヒーローとして頭角を現すために、ピーターは日々努力を惜しまない。アベンジャーズ入りのチャンスをうかがいつつ、トニー・スタークへの定時連絡も欠かさない（とはいえ、スターク

であり、トム・ホランドのスパイダーマンが出演する可能性もある」と発言している。

本人には取り次いでもらえないので、厳密にはその部下であるハッピー・ホーガンに毎日電話をするのだが)。

毎日スーパーヒーロー業に精を出したいところではあるが、世の中そうそう大事件が転がっているわけでもない。特にMCUのヒーローたちは、よく考えてみればそれぞれに個人的な因縁の深い敵を相手に戦っている。アイアンマンを例にとって考えてみよう。第1部の悪役オバディア・ステイン、第2部のイワン・ヴァンコ、それに第3部のアルドリッチ・キリアン。いずれもトニー・スターク本人か、またはその父ハワード・スタークと因縁が深い相手だ。

雷神ソーにしても最大の敵は身内にいるし、実はキャプテン・アメリカも自らのダークサイドであるレッド・スカルやウィンター・ソルジャー、またはアイアンマンその人と激闘を繰り広げている。彼らはみんな、それぞれの出自や過去の行いと向き合わざるをえなくなっているわけで、それはそれでドラマティックな話ではあるが、いってしまえば誰しも自分自身と戦っているようなものなのである。

ところが、15歳のピーター・パーカーの場合、本作の時点ではまだ直面すべき過去も、長い人生で生まれてしまった因縁もない。だから許せぬ悪は自分で見つけるしかないのだ。しかし、そうした日々の悪戦苦闘のなかで、忘れられない美しい場面がふと出てくる。スパイダーマンの衣装に身を包んだピーターが、自転車泥棒を捕まえる。あるいは、お年寄りに道を尋ねられる。今日は僕、お婆さんに道案内してチュロスをもらったんです、とハッピー・ホーガンに報告する少年の姿に、なぜか泣かされてしまう。

この小さな活躍。これこそが今までのMCUに足りなかったものだと思うし、これだけを2時間観るために入場料を払ってもいいとさえ思う。老人の手を取ることと、殺人ロボットの大軍団から世界を救うこととは、本質的には同じ行為のはずだ。けれども、マーベル・スタジオズの映画が回を追うごとにそのスケールを拡大させるために、前者のように小さな善行は描かれる余裕がない。スーパーヒーローの善性を身近に実感できる、こうした場面がちりばめられている『ホームカミング』は、だから極めてありがたい作品なのだ。

薄い悪役問題の解決

今回、スパイダーマンの前に立ちはだかる悪役は、エイドリアン・トゥームス＝ヴァルチャー★4（マイケル・キートン）。と書いてはみたものの、実はピーター・パーカーがこのヴィランの前に立ちはだかる、といったほうが正確だろう。トゥームスはもともとスパイダーマンのことなど歯牙にもかけていないからだ。

もともとはサルベージ業者として真面目に働いていたこの男、『アベンジャーズ』のニューヨーク決戦から生じた瓦礫の回収現場で、役人たちから仕事を取り上げられてしまった。これではは商売あがったりだと、現場からひそかに持ち出したチタウリのエイリアン技術を解析して武器を作り、これを闇市場に流して荒稼ぎするようになる。トゥームス本人は、世界をその手

★4　ヴァルチャー
1963年『アメイジング・スパイダーマン』#2で初登場を果たしたヴィラン。スパイダーマンと2番目に戦った敵である。ちなみに最初の敵は、変装の名人、カメレオン。演じたマイケル・キートンは、ティム・バートン版の『バットマン』の主演でもある。「大作ヒーロー映画に出演していたが、今や落ちぶれたスター俳優」という本人を模した人物が主人公のメタ・ヒーロー映画『バードマン　あるいは（無知がもたらす予期せぬ奇跡）』でも主演を務めた。

に収めると大言壮語するわけでも、恐るべき力を秘めた謎の物体を追うわけでもない。たまたま手に入れたもので商売をするのみで、アベンジャーズと事を構えるつもりなど毛頭ない。その動機は妻と娘にそれなり以上の生活をさせ、家長としてのプライドを維持することにある。だから仕事と金が必要というわけで、この目的の小ささはマーベル・シネマティック・ユニバースの悪役としてなかなか新しい。

トゥームスは自分なりの事情を持つ、地に足が着いた悪党として描かれる。妻子との生活を維持することが目的の家庭人ではあるし、トニー・スタークに代表されるような金持ちに食い物にされて、極限まで恨みを溜める心理も理解できる。だがそういう背景だけを指して、リアルな悪役だといいたいわけではない。エイドリアン・トゥームスが悪役として優れているのは、あくまでこの男が主人公ピーター・パーカーにとっての差し迫った脅威として存在しているからだ。

たとえば、このトゥームスこそが、ピーターの好きになった同級生、リズ・アレンの父親であったということが明らかになった際の衝撃。親父は親父で海千山千だから、ちょっとした会話からピーター・パーカーの正体を見破ってしまう。行きがかり上宿敵となった男と車のなかでふたりきりになる場面には、真にゾッとさせられる。ケヴィン・ベーコンが気の狂った警官を演じて、無垢な子どもたちを追い詰めたホラー『コップ・カー』[★5]を演出した監督、ジョン・ワッツの面目躍如たる場面だ。

★5 『コップ・カー』
2015年・米／監督：ジョン・ワッツ／脚本：ジョン・ワッツ、クリストファー・フォード／出演：ケヴィン・ベーコン、ジェームズ・フリードソン＝ジャクソン。邦題は『COP CAR／コップ・カー』。ふたりの家出少年は、無人のパトカーを発見し、乗り回したり、車内にあった銃で遊んだりと、イタズラの限りを尽くす。しかし、パトカーの持ち主である悪徳警官は、子どもたちを執拗に追い回し……。

ピーター・パーカー＝スパイダーマンはトゥームスと幾度かの対決を重ねるが、結局最後までこのヴィランに勝つことはできない。15歳の少年は、エイリアンの超技術で武装した大人に術なくひねられ続ける。そうして負けながら、最終的にふと死の危険に見舞われた敵を、ピーターは思わず助けてしまう。この素朴な善意に思わず心打たれるトゥームス。

こうした展開は、やはりこれまでのマーベル作品にはなかったもので、いかにも甘いものではある。だが、そもそも『ホームカミング』は思春期の若者たちのための映画だから、これでいいのだ。いい歳をした大人の観客は、これから成長していく子どもたちをハラハラと見守るような気持ちで、時折その純粋さに（悪役トゥームスのように）目を開かされながら、あまりに若いヒーローの物語を観るべきなのである。

MCUとニューヨーク

『ホームカミング』に関してまた重要なのは、劇中の物事のほとんどすべてが、ニューヨークで起きるということだ。確かにピーター・パーカーは、ワシントンDCまで研修旅行に出かけるけれども、それにしても車で4時間程度の距離でしかない。他のマーベル・ヒーローたちが常にアメリカからヨーロッパ、さらにはアフリカ大陸へと世界を股にかけた大移動をしていることに比べれば（同じような庶民的ヒーロー、アントマンでさえ量子空間という途方もない世界へ旅立っている）、スパイダーマンの活動範囲は極めて限られている。

しかしそのこと自体が、この若いヒーローを特別な存在にしているといえる。スパイダーマンの別名は〝your friendly neighborhood〟、日本語にすれば「気のいいお隣さん」ということになる。15歳のパーカーにとってはニューヨークでさえ、というかその一角に過ぎないクイーンズでさえ手に余る。

マーベル・コミックスを原作としたNetflixのドラマシリーズ★6においても、ニューヨーク限定のヒーローたちが登場する。デアデビルとジェシカ・ジョーンズ、ルーク・ケイジとアイアン・フィスト。公式にMCUの住人である彼らは、度外れた超人たちしかいない世界と、しみったれた現実の世界との架橋《かけはし》になる存在であったはずだ。しかし、映画とドラマの世界はいつまで経っても交わらない。あまつさえ、ドラマシリーズが軒並みキャンセルになっているのはどうしたことだろう。

そんな状況を考えるにつけ、ストリート・レベルのヒーローたちの代表格として、（しかもドラマ版の彼らよりも屈託がない）スパイダーマンが映画の世界に存在するということは、やはり極めて貴重なことなのだ。

過去作品も含めて、映画『スパイダーマン』シリーズはいつでもニューヨークの市民と若いヒーローとの関わり合いを描いてきた。ニューヨーク市民でなくとも、観客は常にスパイダーマンに自分やその子どもたちの姿を重ねて、思わず力を貸したくなってしまう。

たとえば劇中、瓦礫の下敷きになって助けを求めるピーター・パーカーの甲高い泣き声に

★6 Netflixのドラマシリーズ『Marvel デアデビル』『Marvel ジェシカ・ジョーンズ』『Marvel ルーク・ケイジ』『Marvel アイアン・フィスト』『Marvel ザ・ディフェンダーズ』『Marvel パニッシャー』の6作品が製作された。舞台はいずれも、『アベンジャーズ』のニューヨーク決戦で破壊されてスラム街となったヘルズ・キッチン地区。世界観も同じで、地理的にも近いにもかかわらず、スターク・タワーは映らない。

は、思わず胸をえぐられるような悲痛さがある。水溜まりのなかで崩れたビルを支えるヒーロー、というこの場面は、原作『アメイジング・スパイダーマン』誌第33号に描かれた有名なビジュアルの再現だが、ここにはもうひとつのリアルな記憶が仮託されていると思えてならない。

それは言うまでもなく、01年の同時多発テロのイメージだ。倒壊した建物の下敷きになり、命を落としてしまった人々。あるいはその地獄から生きて帰った人たち。ピーター・パーカーは、ここで同じように死ぬ思いをしながら、何とか自らを鼓舞して、最悪の逆境を克服してみせる。9・11のあとに生まれた少年がそれを成し遂げることには、実は大きな意味がある。『アベンジャーズ』の項でも触れたが、やはりMCU作品には、かつてあまりに残酷な現実の前に敗れ去ったスーパーヒーローの物語を、何とか復権させたいという意志が働いている。そんな気がしてならない。

世界中の大人たちにとって15歳のスパイダーマンは、やはり新しい希望を託し、声を限りに応援すべき存在なのだ。

マイティ・ソー　バトルロイヤル

ユニバースの歴史を捨てるラグナロク

扱いづらかったキャラ「ソー」

マーベル・コミックスの「ビッグ3」と呼ばれるスーパーヒーローたち。アイアンマンとキャプテン・アメリカは、主演映画3作品をもって、それぞれの物語にひとつの完結を見せた。ところが残るひとりの雷神ソーについては、マーベル・スタジオズ側がその扱いに多少苦慮していた形跡が見られる。『マイティ・ソー』2部作は、いずれもヒットするにはしたものの、他作品のような大記録を打ち立てるまでにはいたらなかった（Box Officeによると、『キャプテン・マーベル』までの21作品中、全米興収は第1部が18位、第2部が17位）。

基本的にソーは強く明るく無邪気なキャラクターで、他のヒーローたちと共演した『アベンジャーズ』2作品においても、その存在感には一服の清涼剤のようなありがたみがあった。しかし、実はどちらの作品でも物語の本筋にはさして絡まず、やはりマスコット的なポジションに甘んじてきたといわざるをえない（『エイジ・オブ・ウルトロン』では、後続作品に向けてインフィニティ・ストーンの謎を解説するための役割を押し付けられていた）。

【作品情報】

2017年／監督：タイカ・ワイティティ／出演：クリス・ヘムズワース、トム・ヒドルストン、ケイト・ブランシェット、イドリス・エルバ、ジェフ・ゴールドブラム、テッサ・トンプソン、カール・アーバン、マーク・ラファロ、アンソニー・ホプキンス北欧神話の神という途方もない出自、超人ハルクとも互角に渡り合える強大すぎるパワー、そして裏表のない性格。このままの路線で、ひとりで長篇映画を成り立たせるのは難しいと思われたことは想像に難くない。

過去作品を振り切る英断

第2部『ダーク・ワールド』から4年、ようやく公開された『マイティ・ソー』シリーズ最新作にして完結篇『バトルロイヤル』（原題は〝Ragnarok〟。北欧神話における世界の終わりのことだが、この重大な意味を持ったタイトルを、ここまでバカっぽいものにしてしまってよかったのだろうか。だが同時に、『バトルロイヤル』もそれなりに映画の雰囲気には合っていなくもないと思わされるから、より始末が悪い）。

本作はこれまでのシリーズで語られてきた要素を開幕から捨て去り、雷神ソーの新しい物語を伝え始める。たとえばジェーン・フォスターとその親友ダーシー、セルヴィグ博士、およびソーの幼馴染みレディ・シフら、前作まで登場していたサブキャラクターは、そのほとんどが登場しない。全篇地球の外が舞台ということも理由としては考えられるが、ソーの旧友ウォリアーズ・スリー（浅野忠信以下3名）も早々に殺されて退場してしまうところを見ると、限りなく前作からの繋がりを減らしてしまおうという意図のほうが大きかったのではないかと思わざるをえない。『バトルロイヤル』がやろうとしていることは、シリーズ内リブートとでも呼ぶべき、新しい試みであることにここで気づく。

　シネマティック・ユニバース内で積み上げられてきた物語上の要素も、『バトルロイヤル』は無視している。ソーが映画作品の画面上に登場するのは、『エイジ・オブ・ウルトロン』以来のことだ。同作のなかで、インフィニティ・ストーンがもたらす世界の破滅について知ることとなったソーは、その秘密を追って宇宙へと旅立った。ところが第3部が始まるなり、この前提は呆気《あっけ》なく覆《くつがえ》されてしまう。

　暗黒の地、ムスペルヘイム★1。あちこちから炎が噴き出す世界の果てで、囚われの身となった男がひとり。「俺はちょっとしたヒーローだ」。誰あろう雷神ソーは、こちらに話しかける。「地球でしばらく過ごしてロボットや何かと戦い、あの星を何度か救った。その後インフィニティ・ストーンだとかいう、色のついた魔法の石を探して宇宙へ旅に出たが……ひとつも見つからなかった」

　ジョス・ウェドンが無理矢理挿入させられてつらい思いをした（『ウルトロン』に大した説明もなく出てきた、雷神が突如裸になって謎の泉に浸かる奇怪な場面を思い出そう）次回予告は、これで無効である。積み上げたコンティニュイティをあっさり捨てる思い切りには、いっそ爽快感を覚えたことだ。

★1　ムスペルヘイム
北欧神話に登場する、世界の南の果てにあるとされる灼熱の国。ソーを捉えたのは、番人の巨人スルト。巨人の演技は、監督タイカ・ワイティティによるモーション・キャプチャに、クランシー・ブラウンが声を当てている。ワイティティは他に、サカールに囚われた石人間コーグも演じている。

ソーの出直し物語

まったく新しいソーの物語を伝える『バトルロイヤル』の監督には、ニュージーランド人で、マオリの血を引くタイカ・ワイティティが決まった。★2 ワイティティが手がけてきた映画は、いずれも祖国ニュージーランドの片隅で、風変わりな人々がおかしな交流を繰り広げるものばかりだ。たとえば、長篇第2作『ボーイ』(10年、日本未公開)しかり、コメディ作品『シェアハウス・ウィズ・ヴァンパイア』(14年)しかり。『ハント・フォー・ザ・ワイルダーピープル』(16年)もまた、サム・ニール演じる老人と(『デッドプール2』で危険な少年ミュータントに扮した)ジュリアン・デニソン少年が、人間狩りの標的となり、田舎の藪《やぶ》のなかを逃げ回る一風変わった映画だった。

興行収入のために自分のビジョンを制約されることを嫌い、大作映画との関わりを避けてきたワイティティ。だが、1・8億ドルの大予算と同時にクリエイティヴ上の自由も保証され、『マイティ・ソー』最新作の監督を受けた。

すでに書かれた脚本をワイティティは自ら直しつつ、さらにエリック・ピアソンを呼び込んでリライトを続けた。ピアソンは、10年にマーベル・スタジオズが公募した脚本家プログラムに参加して以来、スタジオの超大作映画の隙間を埋める短篇シリーズ「マーベル・ワンショット」を複数本手がけていた。これまでの『マイティ・ソー』シリーズのことを気にする必要は

★2 タイカ・ワイティティ モキュメンタリー・コメディの『シェアハウス・ウィズ・ヴァンパイア』がヒットし、マーベルではまず同様のスタイルで、ソーがオーストラリアでルームシェアする様子を描いた短篇『チーム・ソー』を製作した。現在は大友克洋の『AKIRA』の実写化に取り組んでいると伝えられている。

ないと、ワイティティとスタジオは脚本家に告げた。

こうして、ほぼゼロから始まることになったソーの物語は、これまでにない逆境のなかにヒーローを叩き込む。長い幽閉から解き放たれて、ソーとロキの眼前にその姿を現す死の女神ヘラ★3（ケイト・ブランシェット）。オーディンがその存在を隠していた姉であるヘラによって、ムジョルニアを砕かれ、宇宙の最果てに追放されるソー。

たどり着いたのは惑星サカール★4。独裁者グランドマスター（ジェフ・ゴールドブラム）が支配する、宇宙の最果てのゴミ溜めのような場所だ。髪を虎刈りに刈られ、奴隷の剣闘士に身を落とすソー。雷神を捕縛したのは、賞金稼ぎのスクラッパー142（テッサ・トンプソン）。本名をブリュンヒルデという彼女は、かつてアスガルドの戦士ヴァルキリー★5のひとりだったが、ヘラとの決戦に敗れてひとり生き残り、今ではその過去に背を向けて酒浸りで暮らしている。彼女に売り飛ばされた闘技場で、ソーは2年間チャンピオンとして君臨していた超人ハルクに再会。図らずも正面衝突することとなる。

アスガルドや地球を舞台にした導入部は、まだしも『マイティ・ソー』シリーズのトーンを踏襲しているが、主人公ソーが惑星サカールに到着してからは、完全にワイティティの世界が展開する。荘厳さに彩られていたアスガルドや、（独自性はないが）恐ろしげなムスペルへイムとは違い、異常にカラフルなゴミ溜めといった風情のサカール。いかにも人を食った風情のグランドマスターが、カジュアルな独裁体制を敷くこの惑星で、ソーやブルース・バナー

★3 ヘラ
北欧神話の冥府の女王「ヘル」をモデルにしたキャラクター。ちなみにもうひとり、ヘラ（スペルはHera）というオリンポス神のキャラクターもマーベル・コミックスには存在する。戦争と死の神オーディンが、戦による殉死者の支配者であるのに対して、ヘラはそれ以外の死者の魂を管理する。

★4 サカール
本作のストーリーの原案にもなっている、2006年のコミック『プラネット・ハルク』（2017年にヴィレッジブックスより邦訳版刊行）で登場した惑星。原作はシビル・ウォーのあと、地球外追放となったハルクが単身サカールに流れ着き、剣闘士となるなど映画と似ているものの、ソーは登場しない。サカールでの一件のあと、追放処分に憤慨したハルクは、地球に対しテロを起こす。この模様は2007年の『ワールド・ウォー・ハルク（2013

(マーク・ラファロが完全に肩の力が抜けた演技を見せる)、ヴァルキリーと、そしてロキが右往左往する。

思い起こせば原題が「ラグナロク」であるこの映画、物語自体は死の女神の復活と世界の終わりを描く実に剣呑《けんのん》なものだったはずだ。だが、そうしたいかにもシリアスな展開に背を向けて、映画はキャラクターたちの間抜けながらも生き生きしたやり取りを見せることに注力する。

そもそもアスガルドを掌握したヘラにしてからが、いよいよ宇宙制覇に向けて動き出すのかと思わせて、特に何もせずグータラしている。もちろんソーは、最終的に辺境の地を脱してアスガルドに帰り、ヘラとの決戦に挑むことにはなる。だが、そうして物語を強引に進めることより、それぞれに身分を剥ぎ取られ、辺境の奴隷に身を落としたヒーローたちの明るい再起劇を見せることにこそ、ワイティティの興味はあったと見える。

ワイティティが繋いだ『バトルロイヤル』の最初のバージョンは、上映時間2時間40分におよぶものだったという。マーベル・スタジオズ側はこれを1時間30分に短縮したうえで、物語上必要と思われる30分から40分の追加撮影を考えたが、結局ワイティティがすでに用意していた40分の場面を戻すことで、2時間10分の映画を完成させた。全篇の実に約8割は即興で行われたという演出や演技のリズムは、全篇を通して一貫したもので、そこへ後づけの追加撮影パートを繋ぎ直すことは得策ではないとの判断がなされたのだった。

年にヴィレッジブックスより邦訳版刊行)で描かれる。

★5 ヴァルキリー
アスガルド最強の女戦士、本名はブリュンヒルデ。ウーマン・リブの潮流のなかで登場したキャラクターで、1970年『アベンジャーズ』#83に初登場した際のカバーでは、彼女が「男性至上主義の豚をやっつけたぜ!」と言っている。また、テッサ・トンプソンは、ヴァルキリーをバイセクシャルであると解釈して演じていたという。2013年のコミック『フィアレス・ディフェンダーズ』では、ヴァルキリーが女性とキスするラブシーンが描かれている。

秘められた重い政治性

純然たるコメディとして方向転換、全篇を通して観客を笑わせにかかる『バトルロイヤル』。しかしその物語は、実のところ極めて重い政治性を帯びている。

生まれたその日から、アスガルドの王子として何不自由なく育ってきたソー。無邪気で傲慢だが、誰からも愛される人格は、そうした生育環境のうえに出来上がったものだ。ところが、どうやらその人生は父オーディンが積み重ねた嘘の上に成り立っていることが明らかになる。

かつてのオーディンは征服者だった。長女ヘラとともにありとあらゆる世界を制圧し、略奪を重ねてきた。世界樹ユグドラシルで繋がった世界の頂点にあるアスガルドという図式は、何も最初からそうあったわけではなく、オーディンとヘラによる侵略と虐殺によって実現したものだったのだ。それだけでも十分に衝撃的な話ではあるが、肥大し切ったヘラの野心が全銀河の征服に向かったとき、オーディンは危険すぎる存在と化した実の娘を、9つの世界の下層ニヴルヘイム[★6]に幽閉する。

『バトルロイヤル』の序盤で、オーディンはロキによって地球に放逐され、そろそろ寿命を迎えている。が、彼の死はすなわちヘラの幽閉がその効力を失うことを意味していた。かくしてニヴルヘイムからの脱出を遂げた死の女神は、ソーとロキの眼前にその姿を現して、実父オーディンの隠された所業と、自らの世界征服への尽きない野望を兄弟たちに語って聞かせるの

★6 ニヴルヘイム
戦争で死んだ人間の魂が昇るヴァルハラに対して、ヘラが支配する戦死者以外の魂が昇天する場へルは、ここに存在する。ヘルといっても、地獄のように罰を受ける場ではない。

だった。

こうした成り行きを書けば書くほど、全能の父オーディンのろくでもなさが身にしみてくる。神と呼ばれた男（物語上、間違いなく神ではあるのだが）が、結局のところ血に飢えた侵略者に過ぎず、さらにその目的を達したあとには、いかにも都合の悪い存在と化した実の娘を地獄の底に追いやったという事実。観客は主人公とともに、これまで無邪気に見てきた世界に隠された帝国主義の暗い歴史を直視することになる。

マーベル・スタジオズ作品において、最初の有色人種の監督であるワイティティが、オフビートなコメディの底に政治的なテーマを置いたことには大きな意義がある。また、ここまで続いてきたシリーズを仕切り直すこと、そのうえで監督にクリエイティヴ上の自由を持たせたスタジオ側の判断も、同じように評価されるべきだろう。

そういえば、脚本の初期段階においては、ヘラとオーディン／ソーの血縁関係は描かれていなかったという。原作ではロキの娘であったヘラを、オーディンの隠し子として設定し直したのは、脚本家のエリック・ピアソンだ。この改変をケヴィン・ファイギが承認したことが、アスガルドの秘匿された覇権主義という重要なドラマの実現に繋がっている。フランチャイズ間の繋がりや原作との整合性への偏狭なこだわりを捨て、各々の作品をより意味深いものにする、フェイズ2のころには考えられなかった方向に、マーベル・スタジオズは舵を切っている。

従来のシリーズ2作を半ばなかったことにしながら、実のところ『バトルロイヤル』はスーパーヒーローの成長物語を見事に完結させる映画でもある。トニー・スタークが『アイアンマン3』でアイアンマン・アーマーに見切りをつけ、スティーブ・ロジャースが『シビル・ウォー』でキャプテン・アメリカの身分を捨てたように、ヒーローたちは、それまで自らのアイデンティティを形成してきたものを捨てることで、その旅路を終えている（あくまで単独主演映画のシリーズに限った話だが）。

ソーに関しても同じことだ。自らの力の象徴であったムジョルニアを失って、主人公は神としての真の力に目覚める。そしてさらに重要なのは、映画の最後で原題通りのラグナロクをソーが自ら起こし、故郷アスガルドを消滅させたことだ。生き残った国民を連れて難民となるソー。だが人民さえ残れば、彼らの向かう先がアスガルドとなる。雷神ソーがそのことを自覚して映画は終わる。

あまりに多くを失うことで、ようやく主人公が真の成長を遂げるというのだから、これはなかなか厳しい物語ではある。しかし、その厳しさはまだまだ序の口でしかなかったことが、MCUの次々作『アベンジャーズ：インフィニティ・ウォー』で語られるのだが、それはまたあとの話だ。

ブラックパンサー

国境に壁を作るのではなく、開放する

アフリカ系ヒーローが社会現象に

「マーベル・シネマティック・ユニバース」がその幕を開けてから10年。数々のスーパーヒーローたちが登場しては、世界を拡張してきたが、実のところその大多数は白人男性ばかりだった。

アフリカ系もいなかったわけではない。ウォー・マシーンことジェームズ・ローズ（テレンス・ハワード／ドン・チードル）、ファルコンことサム・ウィルソン（アンソニー・マッキー）、それにヘイムダル（イドリス・エルバ）。彼らはアイアンマンやキャプテン・アメリカ、雷神ソーの頼りになる相棒として描かれ、それぞれに「クールな」魅力を発揮してはきたけれども、結局のところ彼らがドラマの最前線に絡んでくることはなかった。

いつまで経っても女性キャラクターがサポート役に甘んじるしかない状況と同じく、マーベル映画の門戸は有色人種にとっても狭く閉じられていたというほかない。

そんな状況に、ついに変化が生まれた。2018年公開の『ブラックパンサー』は、その主

【作品情報】

2018年／監督:ライアン・クーグラー／出演:チャドウィック・ボーズマン、マイケル・B・ジョーダン、ルピタ・ニョンゴ、マーティン・フリーマン、ダニエル・カルーヤ、アンジェラ・バセット、アンディ・サーキス

要キャストの圧倒的多数がアフリカ系、そもそも物語の舞台がアフリカ大陸の架空の小国という作品だ。

　結果から先にいってしまえば、本作はマーベル映画史上最大のヒットを記録した。北米での興行収入は7億ドル超、全米映画史上3位という一大成果だった。次作『アベンジャーズ／インフィニティ・ウォー』の全米興収が6億7800万ドルだから、これは凄まじい結果だ。興行的な大成功ばかりか、本作はマーベル映画として、ひいてはコミック原作の映画としては初めて、アカデミー作品賞にノミネートされている。『アイアンマン』から10年、コミック会社が次々に送り出す「商品」と揶揄されることさえあったマーベル・スタジオズ作品が、ここへきて映画作品として圧倒的な勝利を手にした。

　監督はライアン・クーグラー。『フルートベール駅で』[★1]（13年）でデビュー、『クリード』[★2]（15年）で大ヒットを飛ばし、また批評面でも絶賛を浴びていた。『ロッキー』シリーズのスピンオフとして自ら書いた『クリード』の脚本を、シルヴェスター・スタローン本人に持ち込み、渋るスターを説き伏せてついに企画を実現させている。

　希少金属ヴィブラニウムという超資源、およびそれから派生した超技術を擁しながらも、世界に背を向けて孤立の道を歩んできたアフリカの小国ワカンダ。その王にして守護神たるヒーローが、ブラックパンサーである。先代の王ティ・チャカが命を落としたことで、若い王子ティ・チャラが新たなパンサーを名乗ることになる……という前提は、『シビル・ウォー／

★1　『フルートベール駅で』
2013年・米／監督・脚本：ライアン・クーグラー／出演：マイケル・B・ジョーダン、オクタヴィア・スペンサー。2008年の年越しカウントダウンに行った帰り、無実の罪で黒人男性が警察官によって射殺された実際の事件を基にした映画。

★2　『クリード』
2015年・米／監督：ライアン・クーグラー／脚本：ライアン・クーグラー、アーロン・コヴィントン／出演：マイケル・B・ジョーダン、シルヴェスター・スタローン、テッサ・トンプソン。邦題は『クリード チャンプを継ぐ男』。『ロッキー・ザ・ファイナル』以来9年ぶりの『ロッキー』シリーズ続篇。2019年には『クリード 炎の宿敵』も公開された。テッサ・トンプソンは『ソー バトルロイヤル』のヴァルキリー役、スタローンは『ガーディアンズ・オブ・ギャラクシー：リミックス』のスタカー・オゴルドキャプテン・アメリカ』ですでに語られた通りだ。

本作は物語の舞台をまさにそのワカンダに移し、新たに王となったティ・チャラが迎えることになる試練を描き出す。

悪役こそが光り輝く

『ブラックパンサー』の成果は何よりも、エリック・キルモンガー★3（マイケル・B・ジョーダン）という悪役を生んだことに尽きるだろう。本名をウンジャダカというこの男は、ワカンダ人の父ウンジョブとアメリカ人の母の間に生まれ、父が祖国を裏切って処刑されたあとは、ひとりで生き抜いてきた過去を持つ。ワカンダの秘匿する資源と超技術を世界に開放、虐げられたアフリカ系の同胞たちに体制を覆す力を与えることがその目的だ。いくつもの戦場を渡り歩き、数えきれないほどの敵を殺めてきた。その執念と迷いのなさに比べれば、新たな王としての身の処し方に悩む主人公ティ・チャラは、はるかに脆《もろ》い存在に映る。

キルモンガーは、『アベンジャーズ／エイジ・オブ・ウルトロン』で思わせぶりに初登場した悪役、ユリシーズ・クロウ★4（アンディ・サーキス）と共同戦線を張るものの、用さえ済めば、これをあっさりと射殺。その死体を手土産に故郷ワカンダに初めて凱旋《がいせん》、思わぬ部外者の登場に狼狽《ろうばい》する王族の前で、自身もワカンダの血を引くものであることを明かす場面では、いっそ拍手喝采を送りたくなったことだ。自らの父を殺した先代の王にして伯父であるティ・

役で、MCUに出演している。

★3　キルモンガー
エリック・〝キルモンガー〟・スティーヴンス、ワカンダ名はウンジャダカ。父の復讐がモチベーションを支えているのは映画もコミックも同一であるが、コミックでは謀略を駆使していて政府の転覆にも長けている。

★4　ユリシーズ・クロウ
1966年『ファンタスティック・フォー』#53で初登場したヴィラン。ユリシーズの父、フリッツはナチスの大佐で、戦時中はヒトラーに命じられ、ワカンダの秘密を探っていた。その縁で戦後、ユリシーズはワカンダで育てられることとなる。コミックでは物理学者である彼は、専門分野の音波を用いて戦う。

チャカの妻、王妃ラモンダに、「よう、伯母さん」と挨拶を投げるあたりにも思わず痺れる。

マーベル・スタジオズ作品にしばしば見られる問題のひとつとして、悪役の存在感の弱さが挙げられる。ＭＣＵのヴィランたちは多くの場合、ストーリーの進行上で必要な何かしらの超物質を狙う存在か、主人公と同じような能力を持つが、その力を悪しきことに使うヒーローのダークサイドたる存在の、どちらかに分類できる。

『マイティ・ソー／ダーク・ワールド』のマレキス、『ガーディアンズ・オブ・ギャラクシー』のロナンなどが前者にあたり、後者については『アイアンマン』のオバディア・ステイン、『キャプテン・アメリカ／ザ・ファースト・アベンジャー』のレッド・スカル、『アントマン』のイエロージャケットことダレン・クロスなどなど、枚挙にいとまがない。

いずれのタイプにせよ、彼らは特に強烈な存在感を見せつけるでもなく、それぞれの役割を粛々と演じては、映画の最後で退場していった。実は何にでも取り換えが可能なマクガフィンと同じように、これらのヴィランたちも他の誰かと入れ換えることができる、書き割りのような存在でしかない。

それだけ存在感の希薄な悪役を据えてもなお、十分以上に満足のできるスーパーヒーロー超大作を、10数本成立させてきたところにマーベル・スタジオズの稀有な実力を見ることもできる。だが本来は、スーパーヒーローと対をなし、忘れられない個性を発揮するべきスーパーヴィランたちの、簡単にいってしまえば「大したことのなさ」は、やはり同スタジオの課題ではあった。

キルモンガーはティ・チャラと同じ血統に生まれ（そのために王位の継承権を持ち）、同じハーブを摂取することで力を得て、やはり同じテクノロジーで作られたスーツを着用する。これらの記号だけで考えれば、ヒーローとヴィランはほぼ同じ存在で、彼らを明確に分けるのはそれぞれの人間性と物事の捉え方だけだ。結局のところ、エリック・キルモンガーもまた、主人公のダークサイドたる存在だし、その点においてはこれまでのマーベル・ヴィランとそう大差はない。

にもかかわらず、この男は物語の終わりとともに忘れられてしまう、取り換え可能な「ジェネリック悪役」としては映らない。あくまで血の通ったひとりのキャラクターとして、観客に訴えかけてくる。それはなぜだろう？

確かに本作は、『ブラックパンサー』という映画だし、タイトルロールのヒーローの苦難を十分に描いてはいるけれども、それ以上に力を入れて描写されているのは、アンチヒーローであるエリック・キルモンガーの激闘だ。

それにまた、この男の行動原理には、観客である我々が明らかに頷《うなず》かざるをえないものがある。独善的な祖国から幼くして切り離され、その後自分と同じ肌の色をした者たちが虐げられる様を目の当たりにしながら、戦いに次ぐ戦いのなかで人を殺して生き延びるしかなかった半生。死んだ父から伝え聞いた祖国は、恵まれない者たちをすべて救いうる力を持っているにもかかわらず、彼らにはいっさい手を差し伸べることをしない。

父と自分とを見捨てたワカンダへ復讐を企てるエリック・キルモンガーの心情は、わかりすぎるほどにわかるし、祖国の超技術を使って全世界の圧政を打倒しようという、その夢にこそむしろ乗りたくなってしまう。陳腐な言い方をすれば、悪役キルモンガーの思想にこそ観客であるこちらは共鳴してしまうのだ。

大いなる力には、大いなる責任がともなう

物語についていえば、『ブラックパンサー』は『アイアンマン』第1部や『ドクター・ストレンジ』とおおむね同じものだ。人知を超えた能力を手にした主人公が、自らの暗い鏡像と呼ぶべき敵と対峙《たいじ》、これとの戦いを経てヒーローとしての責任を自覚する。力は己のためではなく、世のため人のために使わなくてはならない……。

ティ・チャラはもともと、トニー・スタークやスティーヴン・ストレンジのようなエゴイストではないし、彼らのように傲岸不遜な態度の持ち主でもない。が、超技術と莫大な資源を世界の目から隠して引きこもる祖国ワカンダに、異を唱えることはできずにいる。国家と個人という違いはあるとしても、アイアンマン以前のスタークが技術者としての天才性を武器開発に浪費していたこと、またはストレンジが天才外科医として腕を揮うことだけに喜びを見出していたこととそう変わりはない。

しかし、ティ・チャラはワカンダの技術と資源とを、世界の恵まれない国に向けて開放することを宣言する。ブラックパンサーは、すなわちワカンダそのものを象徴する存在だ。だからこの宣言は、トニー・スタークがその主演映画第1部の最後に、全世界に向けて「私がアイアンマンだ」と明かしたのとまるで同じことなのだ。

『スパイダーマン：ホームカミング』では、主人公のスーパーヒーローとしての出自が語られなかったが、死んだベンおじさんからピーター・パーカーが聞かされた教えのことは、これまでその映画化作品に付き合ってきた観客ならば誰でも知っている。

「大いなる力には、大いなる責任がともなう」

MCUではまだ語られていないこの言葉を胸に刻んでいるのは、ピーター・パーカーだけではない。トニー・スタークも、スティーヴン・ストレンジも、そしてティ・チャラも、地獄めぐりの末にこの教えに目覚めてヒーローになるのである。

ひとつ前のマーベル・スタジオズ作品『マイティ・ソー バトルロイヤル』とも、『ブラックパンサー』の物語は実はよく似ている。父の死によって新たな王となったヒーローが、その父の過去の隠された所業を知ることになる。ソーの父オーディンが、他国への侵略によってアスガルドの栄光を築き上げたのに対し、ティ・チャラの父ティ・チャカは、他国による搾取からワカンダを守るために長らく続いた鎖国を解かなかったという違いはある。こうした植民地主義の裏と表という構造は別として、それぞれの支配者が過去に取った行動が、いずれ国家そのものを滅ぼす存在（ソーの姉ヘラと、ティ・チャラの従兄弟エリック・キルモンガー）を生んだわけで、やはり結果は同じことだ。

主人公がこれら恐るべき敵との戦いを制して父親の負の遺産を乗り越え、国家の新たな姿を作ることを決意するエンディングまで共通している。マーベル映画はその第3段階にいたって、ヒーローの存在基盤を揺るがせる、より複雑な物語を伝え始めている。

まさかのアクション・シーンの後退

アフリカ系のスーパーヒーロー。あまりに魅力的な悪役。誰も見たことがない、まったく新しいワカンダという世界。『ブラックパンサー』は、間違いなくMCUがこれまで見せえなかった要素をいくつも揃えた革命的な作品だが、その一方でそれでも看過できない瑕疵《かし》もある。スーパーヒーローのアクションを見せる、その演出の凡庸さだ。

これまで多くのマーベル・スタジオズ映画においては、色鮮やかなコスチュームに身を包んだヒーローたちが、昼日中の明るい風景のなかで臆面もなく大暴れしてきた。コミック・キャラクターのアクションを、色調を落とした画面作りや夜の闇で誤魔化さずにはっきりと見せる。そのことに対するマーベルの偏執的なまでのこだわりが、なぜかここへきて鳴りを潜めているように思えてしまう。

たとえば全篇のクライマックス、ブラックパンサーとキルモンガーの最終決戦を見てみよう。似たようなスーツを着たふたりのCGキャラクターが跳び回り、いかにも重量感のない殴り合いを演じる。よせばいいのにワカンダ地下鉄の暗闇を背景に持ってくるものだから、またパンサー同士の格闘戦が闇に溶け込んでしまう。ときおり点滅する白い眩しい明かりが、盛り上がらないクライマックスのアクションをさらに見づらいものにしている。暗闇のなかで重量感のないアクションを繰り広げるふたつのCGキャラクターには、ゼロ年代初頭あたりの（あまり画面作りに熱心でないタイプの）アメコミ・ヒーロー映画を連想さえする。そこまでに展開してきたドラマの密度に比べれば、クライマックスの戦いの描写は思わず拍子抜けしてしまうほどに薄い。

男と男の、1対1の決闘ということでいえば、ライアン・クーグラーは『クリード』でこれ以上にないほど確かな腕を見せている。伝説のボクサー、アポロ・クリードの息子[★5]が迎えた12ラウンドの正念場。カメラが縦横無尽に動き回り、試合が進むにつれて顔を腫らしていく主人公に肉薄した。その痛み、その苦悶を、こちらのものとしてダイレクトに感じながら、（とはいえ結局は映画だから）成り行きを見守るしかないというもどかしささえ覚えたことだ。3分1ラウンドを丸々1カットの長回しで捉えた、どう撮影したのか、にわかには理解できない場面もあった。『クリード』のいかにも大仰でケレン味に満ちた最終決戦を見せ切った、それだけの挑戦に一度は勝ったクーグラーが、ここまで凡庸なアクション場面を、なぜよしとしてしまったのだろう。

★5　アポロ・クリードの息子　キルモンガー役のマイケル・B・ジョーダンが演じている。テレビドラマ『THE WIRE／ザ・ワイヤー』などの印象から、ジョーダンに好印象を抱いていたライアン・クーグラーは、初監督作品『フルートベール駅で』を製作する際、キャスティングが決まっていない時点でアテ書きをしていた。クーグラーの次回作として予定されている『Wrong Answer（原題）』でも、ジョーダンが主演になると発表されている。

ワカンダの美しいビスタには確かに目を奪われる。おそらくそれこそが、クーグラー以下の製作陣が見せたかったものなのだろうけれども、その労力の何割かをアクション場面の画作りに割けなかったものかとは思う。コミックのページに描かれたことを、全力で映画作品の画面に再現することに心血を注いできたマーベル・スタジオズのここまでの挑戦を考えれば考えるほど、『ブラックパンサー』の後退がより惜しまれる。

現実社会に直接語りかける

ともあれ、キルモンガーとの戦いを制し、その過程でワカンダの真の指導者として成長を遂げたティ・チャラ。事ここにいたって、父が秘匿してきた祖国の資源と技術とを、世界に向けて開放することを決意する。ティ・チャラとの一騎打ちに敗れてキルモンガーは死んでいったが、その理想はティ・チャラの行動のなかに間違いなく生きている。倒されてなお主人公に大きな影響を与えたヴィランは、マーベル映画史上エリック・キルモンガーが初めてであったのではないか。

最終的にティ・チャラは、世界に向けてこう告げる。

「国境に壁を作るのではなく、開放する」

コミックの実写化を臆面もなく繰り返してきたとみえたマーベル・スタジオズの映画には、実はそこかしこに現代社会へのコメンタリーが仕込まれてきた。『ウィンター・ソルジャー』

の背景には監視社会の脅威があったし、『アイアンマン』シリーズおよびトニー・スタークの行動の裏には自衛のために武装を重ねることへの自問自答が常に蠢《うごめ》いている（またアホみたいに武装することへのフェティッシュも同時に描かれて、それが主人公や観客には極めて魅力的なものとして映るのだからまた始末に困るのだが）。『ブラックパンサー』の最後にティ・チャラが語る言葉は、こうしたさりげない描写よりも明らかに政治的だ。

国境に壁を作るのではなく、世界の貧しい者たちに手を差し伸べ、富を分かち合うべきだ、という言葉。現在、まさにそれと真逆のことを公言している政治家がいる。言うまでもなく合衆国大統領、ドナルド・トランプのことだ。暗喩ではない直接的な言葉でもって、現実社会への言及をマーベルの映画がついに始めた。そうした映画が人種も国境も越えて支持されるにいたった背景には、本作が従来のどの作品よりも今日的で共感せざるをえないテーマを、衒うことなく堂々と扱ったことがあるのではないだろうか。

『ブラックパンサー』の歴史的な大ヒットの最大の理由は、やはりこれが初めてのアフリカ系監督による、アフリカ系スターを集めた、アフリカ系スーパーヒーローの映画であったことしか考えようがない。長らく求められていたにもかかわらず、提供されることのなかった作品。

これは、たとえばDCコミックス／ワーナー ブラザース映画の『ワンダーウーマン』が、やはり世界中で熱狂的に受け入れられたことにもよく似ている。女性監督が女性を主演に迎えて撮った、女性ヒーローの超大作。考えてみればさほど難しいことではないはずが、さまざまな先入観によって、これまでに結実することのなかった作品。
　もちろんアフリカ系俳優の主演作品が、大売れに売れることはさして珍しいことではない。たとえば、ウィル・スミスはその名前だけで劇場を満員にできるヒットメイカーだし、またそれを女性に置き換えても同じことはいえる。『ハンガー・ゲーム』★6や『トワイライト』★7シリーズは、いずれも女性を主人公にして一大ヒット・フランチャイズになった。ところがことコミック・ヒーロー映画に関していえば、有色人種にせよ、女性にせよ、何かひとつ属性が加わることで、ビジネスは急に難しいものになる。または少なくとも、そのように思われてきた。その壁を破ってみせた本作には（アクション場面の弱さといった、先に挙げたような問題はあるにせよ）、ジャンルに新しい可能性をもたらした作品としての巨大な価値がある。

★6『ハンガー・ゲーム』
2012年・米／監督：ゲイリー・ロス／脚本：ビリー・レイ、スーザン・コリンズ、ゲイリー・ロス／出演：ジェニファー・ローレンス、ジョシュ・ハッチャーソン。近未来のアメリカを舞台に、各地から集められた少年少女24人が最後のひとりとなるまで殺し合う『バトル・ロワイアル』的作品。2015年までに4作品が製作された。

★7『トワイライト』
2008年・米／監督：キャサリン・ハードウィック／脚本：メリッサ・ローゼンバーグ／出演：クリステン・スチュワート、ロバート・パティンソン。邦題は『トワイライト～初恋～』。女子高校生と吸血鬼の禁断の恋を描くラブロマンス。2012年までに5作品が製作された。

アベンジャーズ／インフィニティ・ウォー

宇宙最大のホロコースト

実は、主人公はサノス

10年間、全18本におよぶ作品の主要登場人物がほぼ全員顔を揃える、まさに総決算。マーベル・スタジオズが積み重ねてきたすべてが、ここに収斂《しゅうれん》される。『アベンジャーズ』第1部で初めて顔を見せて以来、ヒーローとヴィランが戦いを繰り広げる世界を見下ろしてきたサノス。宇宙に散らばる超物質、6つのインフィニティ・ストーンをすべて手中に収めるために、この男がついに動き始める。

『インフィニティ・ウォー』は、いっさい時間を無駄にしない。いや、23人のヒーローと最強のヴィランの戦いを描くためには、無駄にできる時間の余裕がないというべきだろうか。サノスの目的が、インフィニティ・ストーンをすべて集め、全宇宙の生命体の半分を滅ぼすことにあるという説明が早々になされる。いくつかのグループに分かれて離合集散しながら、サノスの進撃を止めるために、それぞれの目的地に向かうヒーローたち。宇宙空間のあちこちと地球を行きつ戻りつしながら物語は進む。

【作品情報】

2018年／監督：アンソニー・ルッソ、ジョー・ルッソ／出演：ロバート・ダウニー・Jr.、クリス・ヘムズワース、マーク・ラファロ、クリス・エヴァンス、ベネディクト・カンバーバッチ、トム・ホランド、クリス・プラット、ジョシュ・ブローリンサノスの母星、タイタンを目指すアイアンマンとドクター・ストレンジ、スパイダーマン。ガーディアンズ・オブ・ギャラクシーのピーター・クイルとガモーラ、ドラックスとマンティスは、インフィニティ・ストーンのひとつ、リアリティ・ストーンを求めて惑星ノーウェアに急行。残るロケット・ラクーンとグルートは、サノス打倒のための武器を作るというソーに付き合って、惑星ニーダヴェリアを訪ねる。

地球では、スカーレット・ウィッチとヴィジョン、キャプテン・アメリカとブラック・ウィドウ、ファルコンが合流。冒頭でサノスに叩きのめされ、地球に落ちてきて以来、ハルクに変身できずにいるブルース・バナーもここに加わる。ヴィジョンの持つマインド・ストーンを破壊するため、一行はブラックパンサーの待つワカンダへ赴く。

主要登場人物の紹介がてら、それぞれの行き先を整理してみたが、基本的に『インフィニティ・ウォー』とは、これらヒーローたちが負け続ける物語だ。サノス配下の軍団ブラック・オーダー[★1]との戦いがあり、小さな勝利を収めたりはする。だがその一方で、チームは行く先々でサノスに出し抜かれ、インフィニティ・ストーンの奪取を許してしまう。映画はアベンジャーズが迎える苦境をひたすら積み重ね、そして彼らによる最後の大逆転もないままに終わる。サノスとヒーローたちの最終決戦が、このあとに控えるシリーズ完結篇に持ち越されることはわかっているとはいえ、それにしてもコミック・ヒーロー映画としては他に類を見ない物語ではある。

★1　ブラック・オーダー
コーヴァス・グレイヴ、プロキシマ・ミッドナイト、ブラック・ドワーフ、スーパージャイアント、エボニー・マウの5人からなる、サノスの幹部軍団。2013年より始まった『インフィニティ』（2017年にヴィレッジブックスより邦訳版刊行）で、全員初登場。

ところがサノスを軸に本作を捉え直してみると、これが急にオーソドックスな3幕構成のストーリーに見えてくるから驚いてしまう。

まずは登場人物のキャラクターと、その物語上の目的を伝える第1幕。超人ハルクや雷神ソーを軽くひねり潰す能力の持ち主であるサノスが、インフィニティ・ストーンを集める旅に出発したことがここでは語られる。

主人公がさまざまな苦境に陥り、これらを乗り越えていく過程が描かれる第2幕。目の前に立ち塞がる敵（ガーディアンズ・オブ・ギャラクシー）と戦い、義理の娘ガモーラとドラマを演じる。それからタイタンへ向かい、さらに大勢の敵（アイアンマン、ストレンジとスパイダーマン、ガーディアンズ）に追い詰められるが、逆転勝利を手にする。左手のガントレット★2に着々と集められていくインフィニティ・ストーン。

そして第3幕では、とうとう地球に向かい、最後の戦いに挑む。ストーンの最後のひとつは目の前で失われてしまうが、時間を逆行させるという切り札を使ってまた逆転。その後、雷神ソーに致命傷を負わされるという最大のピンチを迎えるが、最後の力を振り絞ってインフィニティ・ガントレットを起動。全生命体の半分を消し去り、宇宙にバランスをもたらすという目的をついに達成する。多くの犠牲を払い、自らも傷を負ったが、主人公は穏やかに微笑むのだった……。

こうして整理してみれば何のことはない、極めてまっとうなアクション・アドベンチャー映

★2　ガントレット
最強のガントレットは、コミック『インフィニティ・ガントレット』のあとも、2003年の『サノス』、2011年の『アベンジャーズ』第4シリーズ、2016年の『シークレット・ウォーズ』など、マーベル・コミックスにたびたび登場する。強力なことに変わりはないが、宇宙の半分の生命を奪うほどの力は発揮していない。2011年の映画版『マイティ・ソー』では、アスガルドの宝物庫にガントレットが保管されている様子が映っている。この時点では『インフィニティ・ウォー』を製作するプランは立てられておらず、単にスタッフたちが隠し要素として置いたに過ぎなかった。

画の筋立てだ。実際クリストファー・マルクスとスティーヴン・マクフィーリーの脚本家コンビは、サノスを主人公として物語を書いたと明言している。あまりに多い登場人物すべてにドラマを与えれば、映画が中心軸を欠いた、収拾のつかないものになり果ててしまう。だからこそ、悪役であるサノスを主役に据えたのだと。

独善者サノスの最終的解決

スーパーヒーロー・クロスオーバー超大作であったはずの『インフィニティ・ウォー』は、いつの間にかヴィランが数々の苦難を乗り越え、ついに勝利を手にするまでの物語、ということになってしまった。これは大変なことになったが、また厄介なのは、このヴィランが自分なりの理屈で全宇宙のために行動しているということだ。たとえば、レッド・スカルやヘラが求めたように、世界を自らの手中に収めることを今回のヴィランは望んでいない。

マルクスとマクフィーリーが語るところによれば、サノスはマルサス主義者なのだという。イギリスの経済学者トマス・ロバート・マルサスは、1798年に「人口論」を発表、人口は食糧生産量の限界を超えて増加する傾向があり、過剰人口による貧困と悪徳の増大は避けられない（ために、平等な社会の実現は不可能である）と説いた。

サノスが「人口論」を読んだかどうかは定かでない。が、「狂えるタイタン人」と呼ばれる男は、ここで論じられている問題に対して、最も効率的で劇的な解決策にたどり着いてしまった。生活資源の生産量が有限なのであれば、全宇宙の人口を半減させればいい。残った半分の生命には潤沢な資源と、豊かな生活が保証される。

世界の均衡を保つ。そのためにサノスは、これまで宇宙をめぐり、行く星々の民衆の半数に処置を加えてきた。インフィニティ・ストーンをすべて手に入れれば、いつ終わるともしれないその計画を確実に終わらせることができる。消滅するか否かの選別は、50％の確率でランダムに行われるから、平等性は保たれる……。

最大多数の最大幸福。多数の要求は少数の要求に優先する。自分こそが世界を救いうる存在と信じて、サノスは計画を実行に移す。言うまでもなく独善的で、明らかに狂っている。『インフィニティ・ウォー』はこの狂えるタイタン人が、全宇宙に対してホロコーストを実行するまでの物語だ。

そうして考えると何か、本作が急にコーエン兄弟★3の『ノーカントリー』（07年）のような映画にも思えてくる。ギャングの金を拾って逃げた男モス（奇遇にもジョシュ・ブローリンが演じる）を追う、ヒットマンのアントン・シガー（ハビエル・バルデム）。ブローリンの演じるモスが主人公かと見せて、作品はこのヒットマンの追跡行を同じボリュームで描き出す（というかブローリンは映画の途中で死んでしまう）。

いっさいの慈悲心を持たず、理由があろうとなかろうと出会った者を躊躇なく殺すシガー。そういえば、この男も犠牲者にコインを投げさせて、その裏表によって相手の命を奪うか否か

★3　コーエン兄弟
ジョエル・コーエンとイーサン・コーエンは、コーエン兄弟名義で映画監督、脚本を行っている。1996年の『ファーゴ』でアカデミー脚本賞を受賞。コーエン兄弟は『ノーカントリー』以降も、『トゥルー・グリット』『ヘイル・シーザー！』でジョシュ・ブローリンを起用している。

を決めていた。生きるも死ぬも確率は50％。こうした常人には到底理解のできないルールを持つ怪物の旅に、観客は否応なしに付き合うことになる。

作品まとめ能力の限界

サノスを軸に物語が展開するとはいえ、もちろん映画はその周りで右往左往するスーパーヒーローたちのことも精力的に描き出す。これまでに出会ったことのないキャラクター同士が初めて顔を合わせる。

もともとは傲慢な天才という共通点を持つトニー・スタークとスティーヴン・ストレンジは、近親憎悪で罵り合い、ピーター・クイルは世にも男らしい雷神ソーを目の前にして、思わず張り合わずにはいられない。または何もかも行き当たりばったりでふざけた態度を取り続けるガーディアンズ・オブ・ギャラクシーに、普段は軽口を叩いてばかりのスタークが本気で頭を抱える。ヒーローたちの個性がぶつかることで、おかしなやり取りが生まれる。クロスオーバーの楽しみだ。

なかでもサノス打倒の武器を作るための旅に出た、ソーとロケット・ラクーンの取り合わせがいい。ソーはこれまで自身が守ろうとしたものをすべて失ってしまった、その悲惨な境遇を認めきれずにいる。その成り行きについて話を聞いてやるロケット。やがてソーは、とうとう涙を見せる。それでも強がってみせるあたりが微笑ましい。頭を虎刈りにされた北欧神話の神とアライグマが向かい合って、近くにはしゃべる木が座っている。画面だけを見ればあまりにバカバカしいけれども、そこで交わされる言葉には不思議とこちらの胸を打つものがある。

思えば『アベンジャーズ』第1部の喜びは、こうした場面にあった。コミックのスーパーヒーローが画面上に並んでしゃべっている。自分が何を見せられているのか、にわかに理解できないが、そこには生き生きとしたやり取りがある。しかし、『インフィニティ・ウォー』にこうした喜びを見つけるのは、なかなか難しい。これまでに挙げたものを含むいくつかの例外を除けば、実のところキャラクター同士が感情の乗ったやり取りをする場面もさほど多くはない。キャプテン・アメリカが何を思っていたのか、またはブラックパンサーの内面にどのような感情が渦巻いていたのか。そうしたことは観客が自ら想像して補うしかない。

こちらが補わなければならないことは他にもある。たとえば、物語が始まって5分も経たないうちに、ハルクはサノスの前にあっけなく敗北する。チームでさえも扱いに窮する、怒れば怒るほどに強くなるはずの野獣が、一方的に叩きのめされてしまう。ついにその姿を現したサノスの圧倒的な強さを見せつけるには、これ以上ない描写だが、よくよく考えてみればなぜハルクがここまで一方的に負けなければならないのか、本篇中でその説明はない。

監督のルッソ兄弟は映画の公開後に行われた公開インタビューで、力任せに戦うハルクでは技巧に秀でるサノスに勝つことはできなかった、と答えている。言われてみれば納得できなくもない。だが同時に考えてしまうのは、これまでのマーベル映画は基本的に画面上に映ったものだけで成立していたということだ。画面外や映画の間に起こった出来事が、ショートフィルムやタイアップのコミックで語られることはある。けれどもそれは、あくまで個々の作品をより楽しむためのオマケのようなものだ。『インフィニティ・ウォー』については、この件以外にも、ルッソ兄弟や脚本家コンビによって作品の外でさまざまな説明が加えられている。彼ら作り手は、情報量の多い本作を見事にまとめ上げているが、それでも映画からは多くの要素がこぼれ落ちている。

ヒーローとヴィランだけの閉じた世界

その舞台を目まぐるしく変えながら、ヒーローとヴィランがいくつもの戦いを繰り広げる『インフィニティ・ウォー』。個々のキャラクターが、それぞれ異なる能力を駆使して見せるアクションに興奮しているうち、ふと気づくことがある。彼らが戦うその背景は、いつも無人だ。スーパーヒーローが映画を埋め尽くした結果、一般市民たちはその画面から追い出されてしまった。

真夜中のエディンバラで、ブラック・オーダーに襲われるヴィジョンとワンダ。劣勢の彼らのもとにキャプテン・アメリカ、ブラック・ウィドウとファルコンが急行、見事な連携を見せて敵を撃退する……というくだり。(ここでアラン・シルヴェストリ★4作曲のテーマが鳴り響くなか、髭面のキャップが暗闇から姿を現すケレン味には、思わず立ち上がってしまいそうにな

★4 アラン・シルヴェストリ
『バック・トゥ・ザ・フューチャー』『フォレスト・ガンプ/一期一会』『レディ・プレイヤー1』など、70年代前半から今日まで、大作映画の劇伴を手がける映画音楽家。

る。それはいいとして）しかしいくら深夜だからといって、街に通行人のひとりもいないのはどういうことだろう。

またはは映画の冒頭、ニューヨークに現れたサノスのブラック・オーダーを、アイアンマンとドクター・ストレンジが迎撃する場面。初対面のスターク、ストレンジとブルース・バナーが噛み合わない情報交換のやり取りをするうち、外の通りから爆発音が聞こえてくる。一行がストレンジの邸宅を出て、破壊の現場に向かう長回しには、素晴らしい緊張感があるが、問題はその直後に彼らが路上で敵と向かい合うなり、街がほとんど無人状態になってしまうことだ。

スタークが向こう数ブロックの住民を避難させたというセリフ上の説明は確かにあるが、そこまでして一般市民の存在を画面から排除することには、どこか不自然なものを感じてしまう。その後物語のステージが宇宙に移ると、その背景はどれももはや生命の気配さえ感じられない廃墟ばかりになっていく。ここにいたって、ヒーローとヴィランの戦いはいよいよ彼らだけの閉じた世界で行われるものに姿を変えている。

本作のクライマックス、ワカンダの大平原で行われる最終決戦もやはり同じことだ。雪崩《なだれ》を打って攻めてくる、ブラック・オーダーが放った真っ黒いエイリアンの群れ。平原のこちら側で迎え撃つアベンジャーズとワカンダの兵士たち。物量で圧倒されながら捨て身で戦うヒーローたちの姿が描かれる。ヴィジョンの額に埋め込まれたリアリティ・ストーンを除去して破壊するというミッション。そのためにはワカンダの超科学力が必要という前提が、先に示されてはいる。だから、ワカンダで最終決戦が起こるという物語上の理屈はよくわかる。しかし、時折カメラが大きく引いてその状況を俯瞰《ふかん》で映し出すたび、それは何か極めて遠いものに感じられてしまう。

ふと『アベンジャーズ』前2作のことを思い返す。第1部のニューヨーク決戦、第2部でハルクとアイアンマンがヨハネスブルグで展開した大喧嘩、あるいはソコヴィアの戦い。これらの場面には、いつもビルが崩れて粉塵が舞う惨状に、またはヴィランの姿に、恐怖する地上の市民たちというカットが挿入されていた。また、襲いかかる敵をなぎ倒しながら、彼ら市民をも何とか助けようとするヒーローたちの姿も描かれていた。こうした描写は、『インフィニティ・ウォー』からは綺麗に消え去っている。これはどうしたことかと思う。

積み上げてきた「ヒロイズム」の敗北

ともあれ戦いの末にサノスの目的は達成され、全宇宙の生命の半分が一瞬にして消滅する。ヒーローたちも粉微塵になって死んでいく。生き残った者たちには、その光景を呆然と見つめることしかできないし、それは観客であるこちらにしても同じことだ。そして映画は終わる。ヒーローたちの決定的な敗北。

劇場を出て重い足を引きずりながら、悄然《しょうぜん》と歩く。観客はまだ消化しきれない。だがいずれふと気づく。映画の最後で誰が「死んだ」かを、頭のなかで整理してみる。ピーター・パーカー。ティ・チャラ。ピーター・クイル。スティーヴン・ストレンジ。待てよ、と思う。『スパイダーマン』も『ブラックパンサー』も、『ガーディアンズ・オブ・ギャラクシー』も『ドクター・ストレンジ』も、いずれ新しい映画の公開が決まっているじゃないか。というか、そもそも『アベンジャーズ』はもう1本あるのだ。死んだヒーローたちは、そこで帰ってくる(なかには死にっぱなしのキャラクターもいるかもしれないが)。

結局これは、ヒーローたちが一敗地にまみれる様をたっぷり描く、『スター・ウォーズ』でいうところの『帝国の逆襲』なのだ。今回の映画が下敷きにしているコミック『インフィニティ・ガントレット』★5のことを思い出してみる。そこでもスーパーヒーローたちの半数がサノスの手によって消滅させられているが、その大惨事が起こるのはストーリーの前半も前半だ。映画が前半・後半の2部構成になることを聞いた時点で、『インフィニティ・ウォー』の結末はある程度予想できていた。スパイダーマンやドクター・ストレンジがバラバラになって消え去ったからといって、何を悲しむことがあるだろう?

それでも心は晴れない。映画の結末を、次回完結篇に繋ぐためのクリフハンガー★6だと割り切ることがどうしてもできない。スーパーヒーローたちが戦いに敗れて、その肉体が大量に失われたことは、実はそう大きな問題ではない。それよりもマーベル・シネマティック・ユニバースという世界のなかで彼らが掲げ、守ってきたモラルが敗北したことが問題なのだ。

サノスからリアリティ・ストーンを守るため、その持ち主であるヴィジョンはいっそ自分

★5 『インフィニティ・ガントレット』
1991年に発表されたリミテッド・シリーズ。ストーリー・ライターを務めたジム・スターリンは、1973年にサノスのキャラクターを作った人物でもある。これまでも『シークレット・ウォーズ』『インフェルノ』をはじめ、大型クロスオーバーはあったが、それらの規模と比べても破格のストーリー展開、ヒーローの入り乱れを見せる。日本では1996年にアメコミ漫画雑誌『マーヴルクロス』が創刊され、雑誌の目玉連載となった。

★6 クリフハンガー
連続ドラマにおいて、絶体絶命のシーンでエピソードの終わりを迎え、次回まで観客の興味を持続させようとする作劇手法。主人公が崖にぶら下がっているシーンが、1920年代の連続活劇で連発されたことから、崖=クリフ、ぶら下がる=ハンガーと呼ばれることとなった。

が消滅することを申し出る。だが、キャプテン・アメリカはその自己犠牲を認めない。「命の交換はしない」、キャップはそう言い切る。今回の映画では多少影が薄いスティーブ・ロジャースだが、その言葉が劇中で持つ意味は大きい。

命の交換はしない、生命ひとつひとつに比較可能な価値の軽重はない、というロジャースのモラルは、作品を問わず一貫している。『エイジ・オブ・ウルトロン』で多くの住人を抱えたまま空に浮かび、巨大な隕石に変えられたソコヴィアの街。このまま地表に激突すれば人類が死滅するが、住人もろとも隕石を破壊すれば、少なくとも被害を最小限に抑えることはできる。だが、ロジャースはそのいずれも認めなかった。多くを救うために他者を犠牲として差し出す、ということはあってはならない。あってよいのは自分が、自分の意思で、自らを犠牲にすると決めることだけだ。

その後『シビル・ウォー』で価値観の相違が露わになったとはいえ、キャプテン・アメリカとアイアンマンは、実はこうしたモラルを共有している。スティーブ・ロジャースは、かつてニューヨークに向かって飛ぶ爆撃機もろとも北極海に突っ込み、トニー・スタークは、『アベンジャーズ』第1部で核ミサイルを抱えて異星人のポータルに飛び込んでいる。彼らは自分を犠牲に世界を救うことを厭《いと》わない。それがヒーローたることのひとつの条件だが、問題は今回に限って、彼らが命を捨てたところで何も状況は変わらない、ということだ。

ヒーローたちがモラルの選択を迫られる場面が、『インフィニティ・ウォー』には繰り返し描かれる。

自分だけが知るソウル・ストーンの在り処《か》をサノスから隠し通すため、ガモーラはピーター・クイルに自らの命を託す。彼女がサノスの手に落ちたとき、苦悩の末に銃の引鉄を引くクイル。ドクター・ストレンジはタイム・ストーンを守るためなら、迷わずアイアンマンやスパイダーマンの命を差し出す、と断言するが、結局は目の前でサノスに敗れて殺されつつあるトニー・スタークを見捨てることができない。または、万策尽き果て、リアリティ・ストーンもろともにヴィジョンの生命を終わらせる選択をするワンダ・マキシモフ。

こうしたそれぞれの葛藤はしかし、サノスの手に6つのインフィニティ・ストーンが渡ったところですべて無化されてしまう。キャプテン・アメリカもアイアンマンも、その場に黙って座り込むしかない。すべてを犠牲にして目的を果たした、と言って憚らないサノス。その独善性に、常に勝利を収めてきたヒーローたちが敗北した。ここまでに観てきた18本の映画、その物語を成立させてきたスーパーヒーローのモラルが、何の役にも立たずに敗れ去った。物理的なダメージを超えた、価値観の決定的な挫折。その瞬間を見せつけて映画は終わる。

『インフィニティ・ウォー』前後篇という形で公開される予定だった『アベンジャーズ』第3部と4部はしかし、それぞれに独立した作品として位置づけられることになった。ケヴィン・ファイギのそうした言葉に沿って考えれば、やはり本作は次回完結篇への前振りではなく、アベンジャーたちの敗北を描いた1本の映画なのだ。

アントマン＆ワスプ

ヴィランという概念の消滅

〝お茶漬け映画〟ふたたび

マーベル映画が限界を突破した『エイジ・オブ・ウルトロン』の直後に『アントマン』がやってきたように、世界が大変なことになった『インフィニティ・ウォー』のあとで、スッ……と出された『アントマン＆ワスプ』。気楽であることが信条の小さな映画だ。

サノスとスーパーヒーローたちが戦った大事件の、少し前の出来事を映画は切り取る。アントマンことスコット・ラングは、『シビル・ウォー』にて、キャプテン・アメリカのチームに加わって騒乱を起こしたかどで逮捕。その後、司法取引を経て2年間の自宅軟禁となるが、別れた妻とその新しい夫、それに誰より愛する娘との仲も良好で、意外と気楽に暮らしていた。

一方そのころ、ハンク・ピム博士とホープの父娘は、ラングの共犯として逃亡中。かつて量子空間に姿を消したピムの妻で、初代ワスプことジャネット・ヴァン・ダイン（ミシェル・ファイファー）の行方を追っている。

自由の身になるまで、あと72時間。自宅で居眠り中に、奇妙な夢を見るラング。夢のなかで

【作品情報】

2018年／監督：ペイトン・リード／出演：ポール・ラッド、エヴァンジェリン・リリー、マイケル・ペーニャ、ウォルトン・ゴギンズ、ハナ・ジョン＝カーメン、アビー・ライダー・フォートソン、ミシェル・ファイファー、ローレンス・フィッシュバーン

ラングは見知らぬ女となり、少女と会っていた。何かを感じ、長らく絶縁状態だったピムに連絡を取る……。

前作『アントマン』は、ピム博士の物体縮小技術をめぐり、これを軍事利用して私腹を肥やそうとする悪役ダレン・クロスとの戦いをクライマックスに持ってきていた。ミクロの世界で展開するとはいえ、ヒーロー・アントマンの活躍には、まだしも世間に対する影響があったわけだ。

対して今回の物語の目的は、消えたジャネットを探し出すこと。もちろん、ハンク・ピムとホープにとっては重要なことだが、世界の運命が左右される話というわけでもない。前作で量子空間に足を踏み入れたことから、ジャネットとの交信が可能になったらしいスコット・ラングも、行きがかり上ふたたびアントマンの装備に身を包んで、ピム父娘に協力することになる。

そういえば『シビル・ウォー』を観た際には、なぜスコット・ラングが娘との平穏な生活を軽く捨ててキャプテン・アメリカの反乱に加わったのか釈然としなかったが、結局のところ頼まれれば嫌とは言えないお人好し、というだけのことなのかもしれない。

原作では重要キャラだった「ワスプ」

アントマンと同じ能力を持つヒーロー、ワスプ。その登場は、前作の最後ですでに予告されていたが、今回は満を持してアントマンとタイトルを分け合うことになった。原作のワスプ＝ジャネット・ヴァン・ダインは、初代アントマンと並ぶアベンジャーズの創設メンバー★1のひとりで、もっと早くに映画に登場していてもよかった重要なキャラクターなのだ。

最新のスーツに身を包んだホープは、冷静で有能、身体能力も高く、物語を通して見事なアクションを見せる。しかし、このホープ＝ワスプには残念ながら、それ以上に特筆すべき人格が与えられていない。しばしば間抜けな行動を起こして物語を動かすのはアントマン＝スコット・ラングで、ホープの仕事はその横で呆れてみせる程度だ。父親ハンク・ピムには、天才だが人付き合いのできない問題人物というキャラクターが明確に設定されており、そのことがたびたび予期せぬドラマを生んでいる。その娘ホープにも、ユニークな人間性があってよいのではないか、と思う。

優等生ホープ・ヴァン・ダインのキャラクターの薄さには、彼女が女性であることも関連しているのではないかと考えてしまう。MCUの女性ヒーローといえば、と問われて、すぐに名前が挙がるのは誰だろうか。ブラック・ウィドウとガモーラ、スカーレット・ウィッチ。あとは『マイティ・ソー バトルロイヤル』のヴァルキリー、『ブラックパンサー』で頼れるところを見せたオコエとシュリぐらいだろうか。

精神的に不安定なスカーレット・ウィッチと、元飲んだくれのヴァルキリーを除けば、おおむね誰しも冷静かつ有能という以上の性格づけを与えられていない。まず女であるという時点

★1　創設メンバー
コミックでは、アイアンマン、ハルク、ソー、アントマン、ワスプによって創設された。また「アベンジャーズ」という名は、ワスプによって命名された。

で、彼女たちのキャラクターにはひとつの枷《かせ》が嵌《は》められていないだろうか。そろそろトニー・スタークのように人を食った性格の女や、または雷神ソーのように無邪気でバカな女が出てきてもいいのではないか、と思う。

またはヒーローのサイドキック（相棒）というアングルで考えてみても、同じことかもしれない。キャプテン・アメリカの相棒ファルコン、またはアイアンマンの相棒ウォー・マシーン。いずれも判で押したように理知的で腕の立つ、余計なことを言わない男たちだ。だが裏を返せば、やはり彼らには頼りになる相棒、という以上の人格が与えられていないということになる。『アントマン』シリーズでいうところのルイス（マイケル・ペーニャ）のように、コミック・リリーフのほうがまだキャラクターが立っているとさえいえる。

ヴィラン不在という新しい物語

『アントマン&ワスプ』には、ひとつの実験が見られる。物語上に、わかりやすいスーパーヴィランが登場しないのだ。身体を量子化させてあらゆる物質をすり抜ける超能力者、ゴースト[★2]ことエイヴァ・スター（ハナ・ジョン＝カーメン）なるキャラクターが出てきて、主人公たちに襲いかかりはする。

S.H.I.E.L.D.の研究者だった父が実験中に事故を起こし、その影響で特異体質を手に入れてしまった彼女は、いずれ全身の細胞が分離して死にいたる運命にあった。生き長らえるためには

★2　ゴースト
1987年『アイアンマン』#219にてデビュー。コミックでは性別は男性だった。IT企業のプログラマー・エンジニアだった男が、火事のなかでPCのプロセッサーと融合し、身体が透明化することとなる。

ピム博士の量子技術が何としても必要で、そのため彼らの前に立ちふさがることになる。その動機は金でも権力でも世界の支配でもなく、自らの苦痛を取り除くことだけだ。崩れていく身体を一時的に安定させるその見返りに、S.H.I.E.L.D.を掌握したヒドラの暗殺者として使役されていたという彼女は、一貫して被害者で、やはり私欲のために悪をなすヴィランとは呼びがたい存在だ。

劇中にはもうひとり、武器商人のソニー・バーチ★3（ウォルトン・ゴギンズ）が悪役として登場するけれども、この男にいたっては、主人公たちの目的を邪魔するための舞台装置としか呼びようがない。

今回のスーパーヒーローに対するスーパーヴィランの不在をもって、マーベル映画に対してたびたびいわれる悪役の薄さ弱さを言い募りたいのかといえば、そういうことではない。ヒーローとヴィランの大バトルではなく、作品世界に登場するキャラクターたちの小さな物語を描くことにこそ、今回の作品の目的はある。目的のボンヤリとした悪役を無理矢理に出して、またボンヤリとした立ち回りを描くことだけが、コミック・ヒーロー映画ではないのだ。

ゴーストには彼女を助ける後見人がいる。ビル・フォスター★4（ローレンス・フィッシュバーン）。かつてハンク・ピムの同僚として研究をともにした科学者だが、主にピムの人間性が問題で袂を分かっている。強引に敵味方の分類をするならば、この男も主人公チームの敵ということになるが、かと思えば自身の生存のためにいよいよモラルを捨てようとしたゴーストを戒《いさ》

★3　ソニー・バーチ
コミックでは2003年の『アイアンマンVol.3』#73から、5話のみ登場した人物。トニー・スタークの商売敵である武器製造会社の会長である彼は、アイアンマン・アーマーに関する特許をスターク・インダストリーズから奪い、自社で開発をし始める。

★4　ビル・フォスター
コミックでもピム博士の同僚として働いていた彼は、1975年にブラック・ゴライアスという、巨大化アントマンとしてヒーローとなる。翌年には単独でのコミックも描かれた。

め、越えてはならない一線があることを諭してみせる。それでゴーストも一応は思いとどまったりするから、物語としてはいかにも厳しさに欠けるかもしれない。が、少なくともここには新しい悪役像の模索が見える。マーベル映画がフェイズ3に入って積極的に行っているさまざまな実験が、『アントマン&ワスプ』でも試みられている。

気楽なコメディから外れない

『アントマン&ワスプ』は、同時に家族のドラマでもあって、スコット・ラングと娘キャシーの交流やピム一家の再会、それにゴーストとビル・フォスターの擬似親子関係と、それぞれの物語が描かれもする。そうした真摯な語り口と、ここまで挙げたような新しい試みがありつつ、映画は本質的に他愛のないコメディであることを隠さない。

『アントマン』第1部では、コメディ・リリーフのルイスが早口で内容のない長話をまくしたてるギャグで笑わせたが、今回はそのネタがさらに磨かれて再登場する。悪役のソニー・バーチに自白剤を打たれ、スコット・ラングの秘密を話すように迫られるルイス。ところが薬の効果が得意の長話にまでおよんでしまい、もはや何の関係もないことまで延々と話し始める。バカなキャラクターが、最初から最後までバカなことをする。一度たりともその人物設定を外れて真面目な顔をしてみせることはない。

またはは縮小拡大の自在なアントマン・スーツや自由自在に蟻を使役できる特殊能力も、要所要所で笑いのネタとして活用される。スーツの不調で縮小がうまくいかなくなったラングが、右往左往する姿。中年男の身体がそのまま子どもほどのサイズに固定されてしまうものだから、観ているこちらの感覚も少なからず狂ってくる。または羽蟻を呼んで背中にまたがり、高速移動しようと思いきや、次々にカモメに食われてしまうというくだり。人間が小さくなって蟻と交信するということの荒唐無稽さに対して、映画はあくまでシリアスな態度を取らない。『アントマン&ワスプ』は結局のところ他愛のないコメディだが、そのことが特に『インフィニティ・ウォー』後の本作をありがたいものにしている。

と書いてはみたものの、映画は最後の最後で『インフィニティ・ウォー』のクライマックスで起きた事件に歩調を合わせ、結局その悲劇に飲み込まれてしまう。スコット・ラングを量子空間にひとり取り残したまま、サノスのスナップの影響を受けて灰と消えてしまうハンク・ピムとジャネット、そしてホープ＝ワスプ。

本質的にはただの中年であるアントマンが、『アベンジャーズ／エンドゲーム』でおそらく極めて重要な役回りを演じることになるのだろうし、そのこと自体には期待を禁じえない。が、せっかく表舞台に出てきたばかりのワスプが、ここでいったん消えてしまうことには、やはり一抹の寂しさを感じてしまう。ワスプはあくまでアントマンのお添え物でしかないのだろうか。

キャプテン・マーベル

父権制をブッ飛ばすヒーロー

女性ヒーロー登場までの長い道のり

『ブラックパンサー』でアフリカ大陸のヒーローを、（その扱いには不満が残るものの）『アントマン&ワスプ』で男と肩を並べる女性ヒーローを描いてきたマーベル・スタジオズ。長らく白人男性の主人公が圧倒的大多数を占めてきたシネマティック・ユニバースに、ようやく変化が生まれ始めていた。そして設立から10年を経て、ついにスタジオは女性ヒーローの単独主演映画を送り出すことになる。

ＤＣコミックス原作の『ワンダーウーマン』が絶賛を浴び、世界中で大ヒットを記録してから約2年。巨大な映画フランチャイズを確立することにおいて、古くからのライバルであるＤＣの先手を常に取ってきたマーベル・スタジオズだが、女性ヒーローを主役に据えた作品については、初めて明確に後塵《こうじん》を拝する事態となった。

長らく続いたアイザック・パールムッターの支配体制が、おそらくそうした結果に繋がっていた。２０１４年の末にソニー・ピクチャーズから流出した大量のｅメールのなかには、パー

【作品情報】

2019年／監督:アンナ・ボーデン、ライアン・フレック／出演:ブリー・ラーソン、サミュエル・L・ジャクソン、ベン・メンデルソーン、ジャイモン・フンスー、リー・ペイス、アネット・ベニング、クラーク・グレッグ、ジュード・ロウ

ルムッターが同社の重役に送った私信が含まれている。「女性ヒーロー」との件名が記されたこの14年8月のメールでは、「電話で話した通り……」との書き出しのあとに、『エレクトラ』★1(05年)、『キャットウーマン』★2(04年)、『スーパーガール』★3(84年)のタイトルが箇条書きで並び、各作品の興行的失敗についての短い説明が添えられている。

このメールがどういった文脈で書かれたものかは、今日にいたるまで明らかになっていない。しかし、玩具が売れないからという理由で『アイアンマン3』から女性のヴィランを排除させたパールムッターが、女性のスーパーヒーローについて前向きな考えを持っていなかったことは間違いないだろう。実際、くだんのメールが書かれたのと同じ月に、ケヴィン・ファイギはウェブ媒体のインタビューのなかで、女性を主役にした映画の実現性について問われ、何とも歯切れの悪い答えを返している。

流出したeメールの日付から1年後の15年8月、ファイギはそのレポートラインから、パールムッターを排除することに成功している。だが、『キャプテン・マーベル』の製作発表がなされたのは14年10月のことで、女性ヒーローの価値を認めない前CEOの在籍中に企画を通すには、相当の困難がともなったであろうことが想像できる。

定型からのさらなる脱却

完成した『キャプテン・マーベル』を観ていると、どうしてもそんな裏舞台のことを連想し

★1『エレクトラ』
2005年・米/監督:ロブ・ボウマン/脚本:ザック・ペン、レイヴン・メッツナー、スチュアート・ジッカーマン/出演:ジェニファー・ガーナー、ゴラン・ヴィシュニック。2003年の『デアデビル』のヒロインを主人公としたスピンオフ。前作のラストで劇的な死を遂げたエレクトラが、本作で蘇生し、悪の組織〝ザ・ハンド〟との戦いへ身を投じる。脚本のザック・ペンは、MCUの『インクレディブル・ハルク』『アベンジャーズ』にも参加している。

★2『キャットウーマン』
2004年・米/監督:ピトフ/脚本:ジョン・ブランカート、マイケル・フェリス、ジョン・ロジャース/出演:ハル・ベリー、ベンジャミン・ブラット。バットマンに登場するヴィラン、あるいはアンチヒーローのキャットウーマンの単独映画。どのバットマン映画とも連続性を持っていない。映画本篇以上に、本作でハル・ベリー

てしまう。女の主人公が男の上司から説教される場面で映画が始まるからだ。
銀河系の列強種族、クリー人のエリート部隊に所属する主人公、ヴァース（ブリー・ラーソン）。過去の記憶を失った彼女は、夢のなかに現れる断片的なイメージに苛立ち、超人的な体力と戦闘能力を持て余している。そんなヴァースを道場で弄《もてあそ》びながら、上官のヨン・ロッグ★4（ジュード・ロウ）が告げる。過去にはこだわるな。疑いを捨てろ。感情をコントロールしろ、と。

クリー人は敵対種族、スクラル人との戦争に明け暮れている。作戦行動中、スクラル人に拉致されたヴァースは、脳内を探られ、記憶の断片をのぞかれる。脱出には成功した彼女だが、ひとり宇宙に放り出されて地球に落下。1995年のロサンゼルスで、彼女は若き日のニック・フューリーに出会い、彼女の記憶を追って侵攻してきたスクラル人たちとの戦いを開始する。

MCUフェイズ3作品の例に漏れず、本作も随所でマーベル映画の定型を崩す試みを見せている。ヒーローのオリジン物語でありつつ、主人公が最初から超能力を身につけていることしかり。その代わりに記憶を失っており、そのために観客がヒーローの出自を逆にたどっていくことになる物語構成しかり。ただし、このストーリー上の捻りに関しては、完全にうまくいっているとはいいがたい。主人公自身がアイデンティティを失っている以上、劇中かなりの時間が経過するまで、彼女のキャラクターが掴めないことになるからだ。

がゴールデン・ラズベリー賞最低女優賞を獲得した際のスピーチが語り継がれている。

★3 『スーパーガール』
1984年・英／監督：ヤノット・シュワルツ／脚本：デヴィッド・オデール／出演：ヘレン・スレイター、フェイ・ダナウェイ。1978年からのクリストファー・リーヴ版『スーパーマン』シリーズのスピンオフ。当初はスーパーマンも登場する予定だったものの、一切姿を見せることはなかった。スーパーガールを演じるヘレン・スレイターではなく、ヴィランのフェイ・ダナウェイが主演となっており、彼女は本作でゴールデン・ラズベリー賞最低女優賞を受け取ることとなった。

★4 ヨン・ロッグ
キャプテン・マーベルが初登場する『マーベル・スーパーヒーローズ』誌で、ヨン・ロッグのほうが1話だけ早く登場するほど、古くからの宿敵。男性だった初代キャプヴィランとばかり思われたスクラル人が、実は戦争を捨てた民族で、本当の敵はヨン・ロッグをはじめとするクリー人であった……というツイスト。それにクリー人のヴァースと呼ばれた主人公が、地球人のキャロル・ダンヴァースという正体を取り戻し、同時に本来持っていた最強の超能力を目覚めさせる展開。マーベル映画の作劇としては、いずれも新しい。だが、ヒーローの輪郭がなかなか見えてこないために、最終盤で得られるカタルシスの爆発力が削がれてしまっている。

抑圧されることを許さないヒーローというテーマは、おそらくストレートな物語展開でも十分以上に伝わったはずだ。もし『キャプテン・マーベル』が、構成上の新しさが求められなかったMCUフェイズ1の時期に作られていたら、とつい考えてしまう。

パターナリズムを突破する

とはいえ本作には、そうした瑕疵《かし》を帳消しにする大きな魅力があることも確かだ。いくつかの項ですでに触れた通り、マーベル・スタジオズ作品では、ヒーローとその父親との対立がたびたび描かれてきた。興味深いのはほとんどの場合、その確執が表立って起こるものではないということだ。おおむね大人物として描かれる父親たちを、主人公たちはそれぞれに尊敬しながら、彼らの存在や言動に少しずつ疑問を抱くようになっていく。

『マイティ・ソー　バトルロイヤル』や『ブラックパンサー』は、表向きは人格者として尊敬

テン・マーベルの恋人ウナのことを、ヨン・ロッグも愛していたという恋敵でもある。

を集めてきた父親の過去の行いに、ヒーローが向き合わざるをえなくなる物語だった。ソーの3部作は、父オーディンの影響から主人公がついに脱して、とうとう自己を確立するまでのストーリーと読むこともできる。また『ガーディアンズ・オブ・ギャラクシー Vol.2』では、珍しく父親との正面衝突を描いたが、これにしてもピーター・クイルが実父エゴの存在を否定し、打破するまでにはずいぶん長い時間を要している。

パターナリズム、つまり父権制。立場の強い者が、弱い者の意思決定に強制的に介入する。その考え方が誤っていたとしても、まず尊敬することを求められる。そんな理不尽なシステムに、マーベル・ヒーローたちは悩み、苦しんできた。

記憶をなくした主人公にヴァースという名前を与え、能力を与えたと豪語するヨン・ロッグ。あたかも父親のように振る舞うその言動は、彼女自身を抑えつけ、その真の能力が開花することを阻害するものでしかなかった。キャロル・ダンヴァースとしてのアイデンティティを取り戻し、超能力がこの男から与えられたものではないと自覚した主人公にとって、もはやかつての指導者はまったく取るに足りない存在でしかなくなる。

追い詰められてなお虚勢を張り、素手で勝負してみろ、自分の力を証明して見せろと嘯《うそぶ》くヨン・ロッグに、ダンヴァースは言い放つ。「あんたに対して何かを証明する必要はない」。そして男の襟首を掴み、母星に叩き返してしまう。

そう、誰かに何かを証明する必要などないのだ。特にその誰かが、見えない圧力でこちらを支配しようとしてくる相手であるならば、なおさらその必要はない。キャロル・ダンヴァースが自分の真の能力を身体で実感してから、その結論にたどり着くまでの距離の短さはどうだろう。誰であろうが抑圧してくる相手は実力で排除するという爽やかな姿勢。主人公がパターナリズムを明快に突破することに、『キャプテン・マーベル』の新しさと素晴らしさがある。

ミズ・マーベルからキャプテン・マーベルへ

原作のキャロル・ダンヴァースは、68年の『マーベル・スーパーヒーローズ』誌で初登場している。当時は初代キャプテン・マーベル[★5]の物語におけるサポート・キャストの役割のみを与えられていた彼女だが、77年にはクリー人の超能力を身につけたヒーローとして再登場した。以来35年間、ミズ・マーベルを名乗ってきたキャロル・ダンヴァース。82年4月に初代キャプテン・マーベルが命を落としたあとには、映画にも登場したモニカ・ランボー[★6]がそのコードネームを受け継いだ。一方のダンヴァースは何度か名前を変えながら、基本的にはミズ・マーベルのまま、長らくスーパーヒーローとしての活動を続けている。男性ヒーローと同じ能力を持ちながら、あくまでその女性バージョンとして生まれたという出自に、彼女は長らく縛られてきたということになる。

しかし、〝ミズ（Ms.）〟・マーベル、と彼女が名づけられたことは、それでも注目に値する。女性の敬称には既婚であれば「ミセス」（Mrs.）が、未婚の場合は「ミス」（Miss）が使われ

★5　初代キャプテン・マーベル　もともと地球には軍事目的の調査でやってきたが、次第に愛着を持ってしまい、地球のために戦うことを決意した。彼の死因は、神経ガスに起因する癌だった。3代目、4代目キャプテン・マーベルは彼の息子で、5代目はスクラル人にマー＝ベルのDNAを組み込んだ遺伝子組換え人間。

★6　モニカ・ランボー　映画ではキャロル・ダンヴァースの同僚、マリア・ランボーの娘という立ち位置の彼女。コミックでは『アメイジング・スパイダーマン』誌に登場したキャラクターでもあり、初代キャプテン・マーベルから名前を引き継ぐなどの描写は描かれることがなかった。現在コミックではスペクトラムという名前になっている。

てきた。古く17世紀には発生していた、既婚・未婚を問わない「ミズ」という敬称は、50年代に再発見され、70年代からは女性解放運動の一環として広く使われるようになる。

初代キャプテン・マーベルのカウンターパートであるキャラクターが、〝ミス〟・マーベルでも、マーベル・〝ガール〟でもなく、「ミズ」という敬称で呼ばれたことは、77年当時としては十分に進歩的だったといえる（それには、マーベル・ガールというキャラクターが、すでに『X‐MEN』誌に登場していたせいもあるかもしれない。ただ、初代マーベル・ガールことジーン・グレイは、76年にそのコードネームを捨てている）。

コミックの世界のキャロル・ダンヴァースが、ついにキャプテン・マーベルを襲名したのは12年のことだった（ミズ・マーベルの名称は、ムスリムの少女、カマラ・カーンに受け継がれた）。それまで身体の線がはっきりと出た露出度の高い衣装を着ていたダンヴァースは、同名の新コミック・シリーズ第1号に、赤、青、金のジャンプスーツを着て登場。長い金髪がモヒカン状に飛び出したヘルメットが勇ましい。

この新しいスタイルは、原作を手がけた女性ライター、ケリー・スー・デコニックが考案したものだ。誰のパートナーでも添え物でもない、完全に独立したヒーローとしてのキャプテン・マーベル。映画は71年に『アベンジャーズ』誌で展開したエピソード「クリー／スクラル戦争」★7を下敷きにしつつ、ヒーローの外見と性格については、このデコニックによる新シリーズを忠実に再現している。

★7　クリー／スクラル戦争
スクラル人により長年支配されていたクリー人だったが、文明が開かれることによって同じだけの武力を持ち、反逆の戦争に発展する。その最中、クリー帝国へ拉致されたキャプテン・マーベルを救出するために、アベンジャーズも宇宙に飛び立つと、地球に戦禍が飛び火する……。さらに地球上の国々では、厄介事に巻き込まれる原因になったとして、在地球宇宙人、さらには宇宙人に手を貸したアベンジャーズへの排斥運動が勃発。非常に込み入ったエピソードであるものの、マーベル・コミックスの作品内でも、たびたび言及される重要な歴史的事件として知られている。

EPILOGUE

『アベンジャーズ／エンドゲーム』について

11年間で21作品。『アイアンマン』から『キャプテン・マーベル』まで、それぞれをどこまで掘り下げられたかは定かでないが、ともあれマーベル・シネマティック・ユニバースの作品群を振り返ってきた。

今このエピローグを書いている時点で、『アベンジャーズ』シリーズの完結篇公開まであと数週間である。最初の予告篇の公開と同時に、『アベンジャーズ／エンドゲーム』とのタイトルが発表されたのは、2018年12月7日。第4部のサブタイトルに関しては、さまざまな憶測が飛び交い、監督のルッソ兄弟が9月19日にTwitterに投稿した写真も、大きな話題を集めた。

撮影現場に雑然と置かれた脚立や椅子、グリーン・スクリーンなどが、見ようによっては何かの文字をそれぞれに形作っているように見えなくもない。モノクロの写真1枚を何とか読み解こうと、SNS上が騒然としたが、サブタイトルひとつでよくここまで引っ張るものだし、また追いかけているこちらもよく乗せられるものだと思う。

『インフィニティ・ウォー』の終盤近く、サノスにあえてタイム・ストーンを差し出したあと、ドクター・ストレンジが絞り出した"We're in the endgame now."という言葉。何のことはない、完結篇のサブタイトルは、第3部の劇中ですでに語られていたのだった。

「エンドゲーム」とは、チェスの試合で、駒が盤面にほとんど残っていない終盤戦のことを指すという。終盤戦、または長く続いた出来事の最終局面。たとえば"diplomatic endgame"といった場合は、「外交交渉の大詰め」となる。ストレンジのセリフは、日本語吹替版だと「いよいよ正念場だな」とされていて、素晴らしい翻訳だと思った。

　劇中でストレンジが予見した１４００万６０５通りの未来。すべてのインフィニティ・ストーンを手中に収めたサノスに打ち勝つことのできる現実は、そのうちひとつしかない。１４００万分の1、という確率を聞かされたトニー・スタークは、いつものように気の利いたことも言えず、黙ってしまった。ヒーローたちの必死の抵抗はすべて無駄に終わり、サノスが目的を達したところで映画は終わっている。とはいえ、塵《ちり》となって消えゆくストレンジが、「他に手はなかった」と言い残していることを考えると、狂えるタイタン人に一度は勝たせることこそが、たったひとつ残された勝利への鍵なのだ。ヒーローたちが完全敗北からいかに状況を覆すのか。それだけが『エンドゲーム』の焦点だ。

　間もなく公開される映画について、ここであれこれ予想を書き連ねることはどうにも気が進まないが、生き残ったアベンジャーたちが、揃いのユニフォームを着て量子空間に突入するらしいとか、または時間を超えて、過去の世界で戦いを繰り広げるらしいといった情報が、漏れ聞こえてきている。どのような展開を見せるにせよ、上映時間3時間になるという完結篇は、『インフィニティ・ウォー』のあまりに衝撃的な幕切れを回収して、さらに11年続いたシリーズを堂々締めくくらなければならない。

くどいようだがスパイダーマンも、ドクター・ストレンジも、ブラックパンサーも、ガーディアンズ・オブ・ギャラクシーも、数年のうちにそれぞれの単独主演シリーズ最新作が公開されると決まっている。『スパイダーマン：ホームカミング』の続篇、『ファー・フロム・ホーム』（19年7月公開）にいたっては、『エンドゲーム』が幕を閉じた数分後から始まるのだという。木端微塵に消えて観客を絶望の底に叩き込んだヒーローたちだが、彼らの復活は既定路線なのである。その帰還を『エンドゲーム』がどれだけの説得力をもって描き出せるか。下手をすればこれまでのすべてが茶番になりかねない、まさに正念場というしかない。

ロバート・ダウニーJr.とクリス・エヴァンス、クリス・ヘムズワースというMCUフェイズ1からのスターたちは、いずれも『エンドゲーム』をもってスタジオとの複数作品契約を満了する。ということは、アイアンマンかキャプテン・アメリカ、雷神ソーの誰かが、または全員揃って、この完結篇で劇的な最期を遂げるのではないかという嫌な予感も漂う。

彼らが各々3本の単独主演作、それに『アベンジャーズ』4作品で、MCU最初の10年を支えるうちに、新しいヒーローたちがあとから続々と生まれてきている。『シビル・ウォー／キャプテン・アメリカ』でもホークアイが言っていたように、「この喧嘩に勝とうと思ったら、俺たちの何人かは負ける必要がある」のである。新しいヒーローたちの復活のために古参ヒーローが犠牲になる、という展開は十分に考えられる線だろう。10年続いた長大な物語が、次の10年に向けてその幕を閉じようとしている。

ユニバースは拡大し続ける……

と、ここまでに書いた内容は、おおむね喫茶店や居酒屋、またはSNSで、誰かとさんざん話してきたことだ。あるいは映画の帰り道に、ひとりボンヤリと考えてきたことでもある。作品そのものの内容についてもさることながら、マーベル・スタジオズの映画については、舞台裏の事情も込みで考えをめぐらせ、誰しもが、ああでもないこうでもないと議論を交わすことになる。

年に2度、場合によっては3度やって来るマーベル映画。毎度絶妙なタイミングで投下される予告篇で大いに話題を作るが、内容の肝心なところについては秘密主義を貫く。製作中は主演俳優たちにさえ物語の全貌を明かさず、場合によっては本篇で使用しないフェイクの脚本まで用意するという姿勢には、いっそ狂気めいたものさえ感じてしまう。

ディズニー傘下のマーベル・スタジオズから間断なく送り出される映画群を指して、作品というより商品であると断じる声もしばしば聞くということは、すでに書いた。確かにこれらがスタジオの厳格な管理体制下で作られる、途方もなく金のかかった商品であることは間違いない。だがそこには同時に、観客の予想を裏切る作劇上の仕掛けや呆れるようなビジュアルショックがあり、または戦争やテロリズム、難民問題、またはそのなかで常に問われる個人の尊厳といった問題へのコメンタリーが盛り込まれている。

それに、何をおいてもまず、観客を驚かせようという姿勢だ。新しいヒーローが紹介されるたびに繰り返されるオリジン物語にしても、何とか定型を破って新しいものを見せようという努力がそこにはある。

こうしたマーベル・スタジオズの態度には、そこから送り出される映画群に対して、商品と切って捨てることを躊躇させる何かがあることだ。

ウォルト・ディズニー・カンパニーは、かねてから進めてきた20世紀フォックスの買収を、19年3月にいよいよ完了する。これにより、従来はフォックスが持っていたスーパーヒーロー・キャラクターの映画化権が、マーベル・スタジオズに一本化されることとなる。20年弱にわたって続いてきた映画『X・MEN』シリーズ、または過去に何度か映画化が試みられた『ファンタスティック・フォー』が、MCUに合流することはおそらく確定的だ。

映画館のスクリーンの向こうに、今やひとつの巨大な宇宙が広がっている。『アイアンマン』以前には誰も想像できなかった、作品と作品の果てしない連なりから作られる宇宙。マーベル・シネマティック・ユニバースには、もはや観客の日常と並行して存在するパラレルワールドの趣さえある。となればこちらも腹を括って、今後も果てしなく拡大を続けていくであろうその宇宙に、引き続き飛び込んでいくしかないのである。

本書の刊行にあたっては、編集の秋山直斗さん、木下衛さんにたいへんなご尽力をいただきました。原稿を小出しでお送りするたび、「面白い!」と返信をくださったおかげで、何とか最後までやり切ることができました。お待たせしてすみませんでした……。ご両名と、カバーデザインを手がけてくださった高橋ヨシキさん、そしてここまでお付き合いいただいた読者の皆様にお礼を申し上げます。ありがとうございました。

2019年3月吉日
てらさわホーク

マーベル映画究極批評《えいがきゅうきょくひひょう》
アベンジャーズはいかにして世界《せかい》を征服《せいふく》したのか？

2019年4月29日　初版第1刷発行

著　　者　てらさわホーク

装　　丁　高橋ヨシキ
編集協力　秋山直斗、株式会社清談社
校　　正　内田　翔

D T P　臼田彩穂
編　　集　木下　衛
発 行 人　北畠夏影
発 行 所　株式会社イースト・プレス
〒101-0051　東京都千代田区神田神保町 2-4-7 久月神田ビル
Tel.03-5213-4700　Fax03-5213-4701
http://www.eastpress.co.jp
印 刷 所　中央精版印刷株式会社

ISBN978-4-7816-1772-5